rororo

Zu diesem Buch

Gut essen macht Spaß, kochen auch. Doch mal ehrlich: Berufstätige Eltern haben nur wenig Zeit für eine pfiffige Küche. Das beginnt beim Einkaufen und endet bei schmutzigen Geschirrbergen oder knurrenden Mägen. Dass es ganz leicht anders geht, zeigt dieses Buch, denn was auf den Familientisch kommt, kann auch unter diesen Bedingungen gut und abwechslungsreich sein, gut schmecken und vor allen Dingen schnell zuzubereiten sein. Ratschläge und Tipps zum Einkaufen, Vorbereiten und Lagern sind das eine, zahlreiche Gerichte, allesamt in Familienküchen erprobt und abgeschmeckt, das andere. Dieses Kochbuch zeigt berufstätigen Eltern Möglichkeiten auf, trotz ihrer alltäglichen Belastungen für eine gute, gesunde und schmackhafte Küche zu sorgen.

Über die Autoren

Die Journalisten Ute und Karl Diehl schreiben seit vielen Jahren regelmäßig für ein führendes deutsches Elternmagazin, für andere Print- und Onlinemedien und den Hörfunk. Als Sachbuchautoren haben sie sich bislang den Themen berufstätige Eltern sowie Kinder und Computer gewidmet. Sie haben vier Kinder großgezogen und mit ihnen tagtäglich Erfahrungen zum Thema effektive Familienküche gemacht.

Ute und Karl Diehl

Das Kochbuch für berufstätige Eltern

Moderne Familienküche: Lecker, schnell und gesund

Rowohlt Taschenbuch Verlag

Herausgegeben von Bernd Gottwald

rororo Mit Kindern leben
und
die **Deutsche Liga für das Kind**

Partnerschaft für Eltern, Kinder und Familie

Originalausgabe

Veröffentlicht im Rowohlt
Taschenbuch Verlag GmbH,
Reinbek bei Hamburg, März 2001

Redaktion Heike Herberg
Umschlaggestaltung Henning Dencks
(Foto: ZEFA)
Illustration Birgit Meyer
Satz Trinité No 2 und Formata PostScript,
QuarkXPress 4.1
Gesamtherstellung Clausen & Bosse, Leck
Printed in Germany
ISBN 3 499 60955 X

Inhalt

Mehr Lust als Last

«Organisationstalent» wäre die entscheidende Qualifikation, würden berufstätige Eltern per Stellenausschreibung gesucht. Denn organisiert werden muss ständig: der morgendliche Ablauf zu Hause, der Transport zu Tagesmutter, Krippe, Oma, Hort oder Schule, die Untersuchungs- oder Impftermine beim Arzt, der Klavierunterricht oder das Fußballtraining am Nachmittag – all das natürlich in Kombination mit den beruflichen Verpflichtungen. Und dazwischen kommt dann noch so Profanes wie das Essen – und das täglich und gleich mehrmals.

War Kochen in trauter Zweisamkeit noch Lustgewinn – Liebe geht schließlich auch durch den Magen –, kann die tägliche Nahrungsaufnahme in trauter Familienrunde zum Problem werden. Das beginnt beim Einkaufen und endet bei schmutzigen Geschirrbergen, oder noch schlimmer: knurrenden Mägen. Glücklich, wer eine Haushälterin oder kochbegeisterte Großmutter hat, die für die tägliche Sättigung der Familie verantwortlich ist. Die Mehrheit der berufstätigen Eltern befindet sich aber in einer anderen Situation: Sie muss sich der täglichen Herausforderung stellen, möglichst schnell gesundes Essen auf den Tisch zu bringen, was überdies noch schmeckt, also von den Lieben auch gegessen wird.

«Was kochen wir heute?» Die Antwort auf diese gefürchtete Frage verursacht oft reichlich Kopfzerbrechen und führt mitunter zu unbefriedigenden Ergebnissen. Aber es gibt Hoffnung. Mit wenigen Grundsätzen, etlichen Tipps und Tricks und letztlich auch mit einiger Erfahrung lässt sich das Problem «Wie ernähre ich meine Familie?» auch für berufstätige Eltern lösen.

Ein wichtiger Grundsatz, den man nicht vergessen sollte, lautet: Essen ist Genuss. Und ein zweiter: Kochen macht (eigentlich) Spaß.

Genuss ist kein Synonym nur für das 5-Gänge-Super-Menü, die feinsten Confiserien, die ausgeklügeltsten Speisen, die immer «an» etwas serviert werden (Zander an Blattspinat, Filet an Rucola) – auch die tägliche Familienküche ist Genuss, wenn wir sie dazu machen.

Wir wollen aber nichts vertuschen (Eltern wissen es ohnehin): Kochen, Essensvor- und -zubereitung und vor allem die Nachbereitung sind oft mit Mühe, auch Ärger und Stress verbunden. Hier hilft nur die Devise: Machen wir uns das Leben nicht unnötig schwer. Und das fängt bei der Ausstattung an. Schließlich gibt es genügend kleine und große Helfer im Küchenalltag, vom Schüttelbecher bis zum Dampfgarer. Auch solche umstrittenen wie die Mikrowelle. Anregungen und Informationen dazu finden Sie im Kapitel «Grundausstattung», ab Seite 13.

Keine Zeit zum Kochen? Dumm, dass man Zeit nicht kaufen kann, aber man kann sie sinnvoller nutzen und einteilen, und etliche Dinge lassen sich auch delegieren. Dazu mehr unter dem Stichwort «Stressfaktor Zeit» auf Seite 31.

«Geh doch mal eben in den Keller und hol eine Dose Tomaten …». Schön, wer das sagen kann, weil er sich etwas von den Hamstern abgeguckt hat. Zwar geht es nicht ums Überwintern, aber darum, einen notwendigen und gut sortierten Vorrat an Nahrungsmitteln – gefroren, getrocknet oder eingedost – immer zur Hand zu haben. Damit auch ein schmackhaftes Essen zubereitet werden kann, wenn keine Zeit mehr war, schnell noch etwas Frisches einzukaufen. Eine ganz entscheidende Basis also fürs effektive Kochen: das Lagern. Mehr dazu auf Seite 21.

Mit dem Kochen nicht erst kurz vorm Essen anzufangen, sondern schon am Abend oder irgendwann vorher? Warum nicht? Vieles lässt sich zwischendurch, wenn man eh in der Küche zu tun hat, vorbereiten oder vorkochen, kann im Kühlschrank oder Kühlfach aufbewahrt werden und erleichtert und verkürzt den tatsächlichen Kochvorgang enorm. Unter dem Stichwort «Vorkochen» (hat nichts mit «verkochen» zu tun) haben wir dazu einiges ab Seite 26 gesammelt.

Einen Schritt weiter geht es beim Thema «Convenience und Fertiggerichte». Was gehört davon in die Familienküche, was ist nach gesundheitlichen, ökonomischen und effektiven Erwägungen sinnvoll? Dazu gehört auch das Kapitel: Tiefgekühlt oder eingedost? Beinahe eine Glaubensfrage. Hier muss man abwägen zwischen gesund, effektiv und machbar. Mehr dazu auf den Seiten 29 und 32.

Zaubern müssen Eltern eh immer wieder, warum nicht auch in der Küche: aus eins mach zwei oder etwas ganz Neues. Auch dafür stellen wir ab Seite 33 einige erprobte Beispiele vor.

Problemzone Frühstückstisch, Streitpunkt Pausenbrot: Hier schlägt das gesundheitsbewusste Gewissen der Eltern besonders laut. Haben wir nicht gelernt, dass das Frühstück das A und O der Ernährung ist? Und ausgerechnet bei diesem Thema gehen die Vorstellungen von Eltern und Kindern über das, was auf den Frühstückstisch gehört, wenn überhaupt etwas gegessen wird, mitunter meilenweit auseinander. Ein paar Ratschläge und Erfahrungen auf Seite 34.

Was macht ein Kind zuerst, wenn es die Küche betritt? Es öffnet die Kühlschranktür! Diese Behauptung muss gar nicht wissenschaftlich überprüft werden, es sei denn, unsere Kinder und die unserer Freunde und Bekannten würden sich samt und sonders anders verhalten als ihre Altersgenossen. Mit anderen Worten: Kinder haben immer Hunger. Mit Fertigfutter oder Süßem ist der natürlich schnell zu stillen – aber geht es auch anders? Das kommt auf einen Versuch an. Anleitungen dazu auf Seite 37.

Nun heißt es Farbe bekennen: Kochen und Essensaufnahme sind halt doch mit Arbeit verbunden. Beim Einkaufen, vor und beim Kochen und nach dem Essen. Bleibt alles an einer Person hängen, oder gibt es tatsächlich die Ideallösung: alle helfen mit – und zwar richtig und nicht nur mal den Teller wegstellen?

Familie funktioniert nicht (mehr) nach dem diktatorischen Prinzip – Demokratie ist angesagt, besonders im Ressort Ernährung. Davon sind nämlich alle täglich betroffen. Außerdem ist Essen und alles, was dazu gehört, eine zentrale gemeinsame Erfahrung – hin und wieder sogar ein Erlebnis. Was allerdings nicht unbedingt Friede, Freude, Eierkuchen bedeutet. Dass Kinder tatsächlich gleichermaßen wie die Eltern in der Küche Hand anlegen, mag ein Traum, unter Umständen auch ein Ziel sein, mit der Wirklichkeit jedoch hat es allzu wenig zu tun. Über die berichten wir auf Seite 39.

Wenn schließlich, trotz aller Tipps, Ratschläge und Vorbereitungen, wirklich keine Zeit für Küche und Herd ist, gibt es außer dem Pizzadienst immer noch eine Lösung – glauben wir.

Jetzt geht's endlich ans Eingemachte: die Rezepte. Wir haben eine Auswahl der beliebtesten Familienspeisen, die schnell gekocht werden können, sich gut kombinieren, ergänzen oder abwandeln lassen, zusammengetragen. Von uns selbst oder von anderen Familien erprobt und für gut befunden.

Dabei stehen Fleisch und Fischgerichte nicht auf Platz eins. Schließlich sollte nicht täglich Fleisch verzehrt werden, das ist allgemein bekannt, und außerdem, so unsere Erfahrung, gibt es in den Familien immer häufiger den einen oder die andere Vegetarier/in. Natürlich ist es eine zusätzliche Herausforderung für die Eltern, wenn eins ihrer «Küken» nach Schweinebraten und das andere nach Gemüse schreit. Doch die Zubereitung eines Schnitzels oder Koteletts ist ja kein Geheimnis, und so ein Stück Fleisch kann eben mal schnell als Ergänzung zum Gemüseauflauf oder Pfannkuchen gebraten werden.

Ernährungswissenschaftlerinnen und -wissenschaftler empfehlen, zweimal wöchentlich Fisch zu essen. Allerdings ist in den meisten Regionen Deutschlands nicht so ohne weiteres an frischen Fisch zu kommen, und viele Kinder haben, auch wegen der Gräten, eher ein gestörtes Verhältnis dazu. Wir haben einige Fischgerichte aufgenommen, die erfahrungsgemäß auch Kinder gern essen. Allerdings ohne die beliebten eckigen, panierten Fischstücke.

Dessert und Kuchen haben wir nicht vergessen – schließlich lieben Kinder (und Erwachsene) Süßes, und in Maßen genossen, ist dagegen auch nicht viel einzuwenden.

Was wir Ihnen wünschen? Trotz aller Hektik Lust am Kochen und vor allen Dingen Lust am Essen – denn der Spaß am Esstisch wächst mit der Zahl der Familienmitglieder. Meistens jedenfalls.

Die Grundausstattung und die kleinen und großen Küchenhelfer

Berufstätige Eltern sind keine Kochanfänger. Wir müssen Ihnen also nicht unbedingt erzählen, welche Geräte in eine Küche gehören und was in Ihrem Vorratsschrank sein sollte. Allerdings gibt es schon einige Unterschiede zwischen einer Familienküche und einer für Singles oder für zwei Personen. Und auch in der Küchentechnik und -architektur gibt es ständig neue Entwicklungen, die zur Erleichterung der Küchenarbeit beitragen. Sogar auf Altbewährtes, das in Vergessenheit geriet, wird gelegentlich zurückgegriffen. Außerdem lassen sich – wie fast überall – die Erfahrungen anderer nutzen. Warum also das Rad neu erfinden, wenn es sich schon längst dreht?

Schon eine falsche oder ungeschickte **Anordnung der Küchengeräte und -möbel** kann den Arbeitsablauf uneffektiv, anstrengend und über die Maßen zeitaufwendig machen. In einer Familienküche soll möglichst effizient gekocht beziehungsweise Essen zubereitet werden, alles mit wenigen Handgriffen und kurzen Wegen erledigt werden können, und darüber hinaus sollte möglichst Platz für alle Familienmitglieder sein. Auch Kochen kann ein höchst kommunikativer und erfahrungsreicher Vorgang sein.

Sinnvolle Küchenarbeit läuft so ab:

1. Zutaten und Geräte zusammenstellen: Lebensmittel, Töpfe, Schüsseln, Messer, Löffel etc.
2. Zutaten vorbereiten: waschen, putzen, schneiden, einlegen (auch parallel zum Kochen)
3. Kochen
4. Das Säubern der Geräte oder Arbeitsflächen, das Einräumen in die Spülmaschine oder Wegstellen läuft zum Teil parallel zum Kochen

Nach diesem Arbeitsschema richten sich professionelle Küchengestaltungen und -einrichtungen. Betrachtet man die Küchenanordnung als Dreieck mit den Eckpunkten a, b und c, dann ist im Idealfall a) der Kühlschrank, b) der Herd und c) das Spülbecken. Auf den Strecken dazwischen befinden sich die Arbeitsflächen. Zwischen den einzelnen Elementen, also der Arbeitsfläche und der gegenüberliegenden Wand, einem Schrank oder Tisch, sollte – wenn der Raum es hergibt – ein Abstand von 1,20 Meter sein, damit man sich auch bei geöffneten Türen noch bewegen kann, ohne mit blauen Flecken verziert zu werden. Eine Broschüre mit detaillierten Tipps «Küchen planen und einrichten» gibt es bei der Stiftung Warentest.

Stauräume werden in vielen Küchen verschenkt. Und je größer die Familie, umso wichtiger wird Stauraum. Kommt ein Zweipersonenhaushalt noch mit drei Plätzchenformen für das Weihnachtsgebäck aus, sammeln sich in einem Haushalt mit Kindern schnell zehn und mehr verschiedene Formen an. Das Gleiche gilt für Kuchenformen, Dosen, Rührschüsseln, Auflaufformen und vieles mehr. Eine Schublade unter den Küchenschränken könnte die Plätzchenformen, Lappen, Bürsten und ähnliche, selten genutzte Gegenstände oder solche, die man auf Vorrat hält, wunderbar aufnehmen. Dagegen müssen Gegenstände, die häufig gebraucht werden, in Fächer und Schränken zwischen Knie- und Augenhöhe untergebracht werden. Eigentlich eine Binsenweisheit – aber wenn Sie einmal mit kritischem Blick die eigene Küche begutachten, finden Sie bestimmt etliche Bereiche, in denen ein paar Veränderungen Wunder wirken könnten. Es sei denn, Sie haben ohnehin schon die ideale Küche.

Das **Kühlfach** in den meisten so genannten Kühlkombinationen ist in der Regel viel zu klein für eine vernünftige Vorratshaltung. Sind Keller oder große Speisekammer vorhanden, lohnt sich die Anschaffung einer Kühltruhe, ansonsten sollten Sie beim Kauf eines neuen Kühlschranks oder bei der Einrichtung der Küche auf ein möglichst großes Gefrierfach achten oder überlegen, ob in der Küche noch ein Gefrierschrank Platz findet. Denn schließlich ist Tiefkühlkost nicht nur äußerst praktisch und zeitsparend, sondern obendrein – wenn man einige Regeln beachtet (siehe Seite 29) – durchaus Bestandteil einer gesunden Ernährung.

Kaum zu glauben, aber sie ist schon älter als siebzig Jahre: die Einbauküche. Die berühmte österreichische Architektin Margarete Schütte-Lihotzky entwarf den Prototyp aller modernen Küchen: die Frankfurter Küche. Nur sechseinhalb Quadratmeter groß, war diese erste Einbauküche durch Raumökonomie und streng funktionale Einrichtung geprägt – gedacht als ein Beitrag zur «Rationalisierung der Hauswirtschaft». Dieses Modell wurde bis 1930 in ungefähr 10000 Wohnungen der Frankfurter Sozialsiedlungen eingebaut. Eine entscheidende Zielsetzung der Küchenplanung war, den doppelt belasteten Frauen (Männer hielten sich auch damals schon seltener in Küchen auf) die Arbeit zu erleichtern. Doch erst in den sechziger Jahren gelang der Einbauküche der wirkliche Durchbruch. Unterdessen ist bei der Kücheneinrichtung eine Kombination aus praktischen Einbauelementen und gemütlicher Wohnatmosphäre angesagt.

Zum Thema Doppelbelastung und Arbeitserleichterung noch ein zweiter Blick in die Vergangenheit. In den Mitteilungen eines Elektrizitätswerkes aus dem Jahr 1935 schrieb eine stolze Elektroherdbesitzerin:

> Ich kann mir gar nicht mehr vorstellen, wie ich es früher fertigbrachte, in der alten Wohnung das Essen rechtzeitig auf den Tisch zu bekommen. Ich bin eine Arbeiterfrau und gehe jeden Tag in die Tuchfabrik. Um 12.30 Uhr beginnt die Mittagspause, und da springe ich schnell nach Hause, um zu kochen. Seitdem wir in der Siedlung wohnen, macht mir die kurz bemessene Zeit keine Sorge mehr. Das Essen koche ich abends vor, und am anderen Tag drehe ich schnell den Schalter meines kleinen Elektroherdes auf. Früher musste ich jedes Mal anfeuern, und im Sommer brachte ich manchmal kein rechtes Feuer zustande. Nachher hatte ich die Küche voll Ruß und Staub und meistens keine Zeit mehr, die schwarzen, schmutzigen Pfannen zu reinigen. Heute ist meine Wohnküche schnell blitzsauber, und die Zeit reicht mir noch, um 10 Minuten zu ruhen. Das verdanke ich der elektrischen Küche.

Kochen auf dem offenen Feuer, das nennt man heutzutage Grillen. Längst gibt es keine rußgeschwärzten Küchen mehr. Gekocht, gebraten und gebacken wird unterdessen mit Gas, auf dem Ceranfeld, im Umluftbackofen, im Dampfgarer oder in der Mikrowelle. Elektronisch gesteuert mit Zeitvorgaben für den idealen Garpunkt. Wie auch immer Sie Ihre Küche eingerichtet haben, ganz ohne Arbeiten geht auch heute das Kochen nicht vonstatten.

Aber vieles ist einfacher geworden, und mit manchen Tricks und Kniffen können Sie sich manches noch erleichtern.

Was Sie an Arbeitsgeräten und Hilfsmitteln auf jeden Fall haben sollten: Handmixer, Pürierstab, gute Messer, ein Topfsortiment mit verschieden großen Töpfen und Pfannen, etliche Rührlöffel und Pfannenheber, Messbecher, 2 Schüttelbecher, Sparschäler, Behälter zum Aufbewahren und Einfrieren.

Eine Küchenwaage besitzen wir schon lange nicht mehr – nur ein Dekorationsstück aus der Jahrhundertwende. Auch den Messbecher benutzen wir immer seltener. Man bekommt im Laufe der Jahre einen Blick für die Mengen und lernt zudem Ess- und Teelöffel sowie Tassen als praktische Maßeinheiten zu schätzen.

Sind größere Kinder im Haus, sollten Sie (trotz aller möglichen Bedenken) die Anschaffung einer **Mikrowelle** in Betracht ziehen. Denn das Zitat aus Wilhelm Buschs Max und Moritz – «Wovon sie besonders schwärmt, wenn er wieder aufgewärmt» – trifft nur ganz bedingt auf anderes als Sauerkraut zu. Und Aufwärmen gehört nun mal zum Familienalltag, wenn die Kinder zu ganz unterschiedlichen Zeiten den heimischen Esstisch erreichen. Ein Teller mit Kartoffeln, Nudeln oder Reis, Gemüse, Fleisch und Soße lässt sich unkompliziert (und geschirrsparend) in der Mikrowelle aufwärmen, ohne dass alles verkocht.

Sieben bis neun Schulstunden, nachmittags Sport, Musik oder andere Termine – je vielfältiger die Verpflichtungen der Kinder werden, umso seltener sind sie kompatibel mit geregelten Tischzeiten. Dies soll wahrlich kein Plädoyer für die Aufhebung des gemeinsamen Essens sein, nur eine Beschreibung der Realität. Klar, dass viele Familien versuchen, trotz dieser «Terminschwierigkeiten» wenigstens einige Male in der Woche gemeinsam zu essen.

Eine Liste der **Grundnahrungsmittel**, die möglichst immer **als Vorrat** im Haus sein sollten, selbst wenn kein großer Vorratsraum oder Keller vorhanden ist, finden Sie unter dem Thema «Lagern» ab Seite 21.

Noch ein Tipp zum Tischdecken: Wenn Sie Messer, Löffel und Gabel in einen schönen Krug stellen, erleichtert das die tägliche Tischdeckerei, und jeder kann das «Werkzeug» nehmen, das er braucht. Kleine Kinder verzichten gern mal aufs Messer oder nehmen statt der Gabel lieber den Löffel, größere Kinder und Erwachsene übrigens auch.

Küchenprospekte wecken oft kaum erfüllbare Begierden. Unser (noch immer unerfüllter) Traum war lange Zeit ein Herd mit vier Gasflammen, zwei Elektroplatten und einem offenen Feuer. Dazu ein Umluftbackofen. Seitdem Freunde einen Druckdampfgarer besitzen, ist klar: So ein Ding muss her.

Dampfgarer sind eigentlich nichts Neues. Womit nicht die Dampfkochtöpfe gemeint sind, die in den siebziger Jahren Erfolge feierten. Dass in diesen Schnellkochtöpfen das Essen nicht gerade zur geschmacklichen Hochform gelangte, hat sich zwar nur langsam, aber schließlich doch herumgesprochen. Dampfgarer – also eigenständige Geräte – schaffen gerade das Gegenteil: Jedes Lebensmittel behält seinen typischen Geschmack und wird zudem noch ausgesprochen schonend zubereitet. Die verschiedenen Essenskomponenten Gemüse, Kartoffel, auch Fisch – Fleisch ist etwas komplizierter – werden auf die verschiedenen Garschalen verteilt, in den Dampfgarer geschoben und nach der Garzeit herausgeholt. Kein Umrühren am Herd, keine Sorge, dass etwas anbrennt, und dazu noch eine gesündere Zubereitung: Was will man mehr? Eigentlich nur noch eins: Zeitgewinn. Und den gibt es dann beim Dampfdruckgarer. Hier minimieren sich die Garzeiten nämlich um 50 Prozent und mehr. Gemüse und Kartoffeln sind in wenigen Minuten gar und behalten ihren Eigengeschmack. Die Krönung ist zurzeit ein Kombi-Gerät aus Backofen und Dampfdruckgarer. Denn aus diesem kommen dann auch der knusprige Braten und selbst gebackenes Brot und Kuchen.

In Profiküchen werden schon seit langem Dampfgarer und Dampfdruckgarer verwendet. Für den Privathaushalt hat das Ganze noch einen kleinen Haken: den Preis. Die Geräte sind nicht gerade billig. Rechnet man aber mit spitzem Bleistift und setzt den Vorteil der Zeitersparnis und der gesunden Zubereitung (wie immer man diese auch berechnen mag) gegen die Investitionskosten, dann mag die Differenz zu herkömmlichen Küchengeräten nicht mehr so groß erscheinen. Auf jeden Fall sollten sich Familien vor dem Kauf einer Küche unbedingt mit den Vorteilen dieser Garmethoden auseinander setzen.

Doch die «Was-wäre-wenn»-Philosophie hilft uns im Küchenalltag nicht weiter. Lassen Sie sich nicht davon entmutigen, dass es so vieles gibt, was den Alltag erleichtert, aber nicht zu Ihrem Alltag gehört. Wenn die Supergeräte nicht vorhanden sind, muss man sich mit dem Vorhandenen arrangieren und das Beste daraus machen. Ein Trost: Nicht immer liegt das Ergebnis des Kochens an der optimalen Ausstattung der Küche.

Einkaufen

Im Prinzip sind wir noch immer Jäger und Sammlerinnen. Und so viel anders als die Jagd im Urwald ist der allwöchentliche Großeinkauf im Supermarkt eigentlich auch nicht. Zwar müssen wir uns nicht mehr vor wilden Löwen fürchten oder giftigen Schlangen aus dem Weg gehen. Auch müssen wir unser Essen nicht mehr selbst erlegen, sammeln oder pflücken. Aber was die Werbung uns immer weismachen will, dass nämlich Einkaufen ein Erlebnis ist, davon kann keine Rede sein. Höchstens die Sorte Erlebnis, die man möglichst schnell wieder vergessen will: quengelnde Kinder, genervte Erwachsene, unfreundliches Personal, ewige Warteschlangen an der Käse- und Wursttheke, selbstverständlich auch an der Kasse – weil anscheinend der Großteil der Bevölkerung immer zur gleichen Zeit den Wocheneinkauf startet. Dazu kommt der Ärger, dass sich im Einkaufswagen grundsätzlich mehr befindet, als wir einkaufen wollten, und entsprechend sieht dann auch die Rechnung aus. Die Krönung ist dann das Ein- und Ausräumen: in den Einkaufswagen, auf das Kassenförderband, in den Einkaufswagen, in die Tasche oder Kiste im Auto, aus dem Auto in die Küche und schließlich in die verschiedenen Schränke, Schubladen etc. Da stimmt doch etwas nicht! Kurzum: Der Wocheneinkauf ist ein notwendiges Übel, das geändert werden muss und zwar dringend.

Lässt sich denn das Beschaffen von Klopapier, Milch, Mehl, Zucker und anderen Lebensmitteln und Haushaltswaren nicht automatisieren? Können wir nicht alles ganz bequem von zu Hause oder aus dem Büro organisieren, ohne uns auf den Einkaufsstress einlassen zu müssen? Da gibt es doch zwei Zauberworte: **Computer und Internet**. Und die überzeugende Fernsehreklame, in der ein bekannter Entertainer ganz locker online einkauft und im Handumdrehen das Gewünschte nach Hause geliefert bekommt. Wir haben's ausprobiert.

In unserer Nähe gibt es einen Lebensmittelhändler, der sein Sortiment auch übers Internet anbietet. Sogar die wöchentlichen Sonderangebote. Gegen eine Liefergebühr von 10 DM lässt sich eigentlich auch nichts einwenden. Schließlich sparen wir Zeit und Benzin. Der Einkauf am PC beginnt auch ganz erfolgversprechend. Munter addiert der virtuelle Einkaufshelfer die Preise, und wir werden bei jedem neuen Produkt über die Höhe unserer Rechnung informiert. Das würde beim Einkauf im echten Supermarkt vor einigen bösen Überraschungen an der Kasse bewahren. Aber leider hat der virtuelle Supermarkt nicht einmal das Standardsortiment, und wir brechen unseren virtuellen Einkauf wieder ab. Denn was nutzt der Einkauf übers Internet, wenn anschließend doch noch der Weg in den Supermarkt nötig ist, um Waschpulver, Kakao oder sonst etwas zu kaufen? Hier muss sich also noch einiges entwickeln, bis der virtuelle Einkauf wirklich attraktiv ist. Wir sind aber sicher, dass dies geschehen wird.

Vorläufig müssen wir uns also wohl noch vorwiegend samstags oder am Donnerstagabend in die Schlange der Supermarktkassen einreihen. Bei gut organisierter Planung und Lagerung allerdings reicht auch ein zweiwöchentlicher Großeinkauf. Frisches gibt es ohnehin beim Gemüsehändler, auf dem Markt oder beim Lebensmittelhändler um die Ecke. Und selbst Sahne und Butter lassen sich einfrieren.

Viele Getränkemärkte liefern ihre Ware auch bereits frei Haus. Oder Biobauern bringen jede Woche eine Gemüsekiste vorbei. Damit ist schon viel für den familiären Vitaminhaushalt getan.

Noch ein Tipp: Wenn Sie die Telefonnummern vom Bäcker, Metzger oder Gemüsehändler immer dabei haben, können Sie auch vom Büro aus noch Frisches ordern, auf dem Nachhauseweg das Bestellte abholen und müssen nicht um kurz vor sechs vor leeren Regalen verzweifeln.

Lagern

Konsequente Vorratshaltung entlastet. Das hat nichts mit unsinnigem Hamstern oder der Angst vorm Verhungern zu tun. Vor Jahren entdeckten wir im Keller von Nachbarn kistenweise Zahncreme und Sonnenmilch. Auf die Frage, ob sie eine Drogerie eröffnen wollten, kam nur die knappe Antwort: «Das gab's im Sonderangebot.» Damit hatten sie wohl ausreichend Zahncreme und Lichtschutzfaktor für die nächsten zehn Jahre. Ob Creme und Milch allerdings so lange haltbar sind, ist zu bezweifeln. Sonderangebote sollten zwar auch ein Argument in Sachen vernünftiger Lagerhaltung sein, aber nicht das einzige. Denn sonst beherbergt die Kühltruhe nur noch Spinat, und der Keller ist mit einem Mal voller Dosentomaten und Zahncreme. Aber an Bohnen, Pilzen und Kräutern mangelt's.

Eine gewisse **Grundausstattung an Dosen und Tiefkühlkost** ist unerlässlich. In das Kühlfach (oder noch besser die Kühltruhe) gehören verschiedene Packungen Gemüse wie Spinat, Erbsen, Brokkoli, Lauch, Pilze, auch Karotten, Rosenkohl, Kohlrabi oder Wirsing. Dazu einige Kräuter wie Petersilie, Schnittlauch, Basilikum oder gemischte Kräuter. Letztere eignen sich zum Beispiel hervorragend für grüne Soße, wenn man nicht gerade das entsprechende frische Kräuterbündel zur Hand hat oder auf einen Kräutergarten zurückgreifen kann. Auch einen gewissen Vorrat an Convenience-Produkten, also Halbfertiggerichten, sollte die Tiefkühltruhe aufweisen. Es muss ja nicht gleich Fastfood sein. Fertigpizzen aus dem Frost gehören zu den Verkaufsschlagern. Sie nehmen in den Kühlregalen der Supermärkte immer mehr Raum ein. Demzufolge wohl auch in den privaten Kühlgeräten. Sind größere Kinder im Haus, wird man ohnehin über kurz oder lang nicht um ein gewisses Sortiment an Fertigfutter herumkommen. Unterschiedliche Schul- und Arbeitszeiten bringen den gewohnten Rhythmus der Nahrungsaufnahme schon hin und wieder durcheinander. Und die meisten Kinder und Jugendlichen sind nicht gerade begeisterte Köche. Aber auch hier bietet sich ein Kompromiss an. Seit einiger Zeit gibt es, meist im Dreierpack, tiefgefrorene Pizzaböden, die mit einer Tomatensoße bestrichen sind. Darauf verteilen Sie dann Käse, Paprika, Zwiebeln, Fisch, Kräuter – oder was auch immer das Herz begehrt und vorrätig ist –, und heraus kommt eine annehmbare Kombination aus Fertiggericht und Selbstgemachtem. Kinder lernen auf diese Art und Weise zwar nicht unbedingt das Kochen, machen aber die Erfahrung, dass man mit eigenen Ergänzungen und Kreationen ein leckeres Essen jenseits des oft eintönigen Fertigfuttergeschmacks herstellen kann.

Kinder scheinen ja grundsätzlich das zu mögen, was ungesund ist. Zum Beispiel Pommes frites. Die tiefgefrorene Variante dieser Kartoffelstäbchen, die im Backofen zubereitet werden kann, hat zwei Vorteile: sie enthält weniger Fett und muss nicht in der etwas umständlich zu handhabenden und für Kinder gefährlichen Friteuse zubereitet werden. Verzichten sollte man allerdings auf Tiefkühl-Pommes-frites, die zusätzlich noch mit einer auf Einheitsgeschmack getrimmten Gewürzmischung umhüllt sind.

Vieles, was wir frisch oder in großen Mengen kaufen, lässt sich einfrieren. Also zum Beispiel: Sahne, Butter, Brot oder Käse. Oft erfreuen sich Kästereste nicht der größten Beliebtheit, sie sind schon etwas trocken und sehen nicht mehr allzu appetitlich aus. Aber gerieben und eingefroren sind sie dann ein willkommener Belag für Pizza oder Auflauf.

Gemüse verliert im Kühlschrank schnell seine gesunden und wichtigen Vitamine. Aber frisches Gemüse, gewaschen, geputzt, klein geschnitten und tiefgefroren, behält viele seiner gesunden Wirkstoffe und ist überdies sehr praktisch. Zum Beispiel Paprika, Zucchini oder Lauch. Die eingefrorenen Gemüse-Päckchen werden dann für Ratatouille zum Pfannkuchen, für eine schnelle Kartoffel- oder Gemüsesuppe eingesetzt. Auch fertige Gerichte eignen sich zum Einfrieren, zum Beispiel Suppen, Eintöpfe (möglichst ohne Speck), Braten, Gulasch, Pizza, Quiche und sogar Kartoffelbrei. Lagerzeit für diese Gerichte: 2 bis 3 Monate.

Dosenfutter genießt zwar nicht gerade den besten Ruf – es enthält einfach zu wenige Vitamine –, aber als Ergänzung in der Familienküche ist es kaum wegzudenken. Darüber hinaus gewinnt Dosenfutter durch schonendere Methoden der Haltbarmachung mehr und mehr an Qualität. Außerdem hält sich das Zeug meist mehrere Jahre, lässt sich also wunderbar horten und in den aktuellen Essensplan integrieren oder für die so genannten Notfälle einsetzen. Eine Dose Baked Beans kombiniert mit Spiegelei und Vollkornbrot kann auch eine warme Mahlzeit sein und ist im Handumdrehen fertig. Ein Menü, das Kinder auch selbst zubereiten können. Auch Pilze gibt es in Dosen, allerdings schmecken sie tiefgefroren besser und lassen sich zudem genauer dosieren.

Einige Grundnahrungsmittel sollten immer im Haus sein und lassen sich auch lagern, wenn kein großer Vorratsraum oder Keller vorhanden ist. Dazu gehören Kaffee, Tee, Nudeln, Reis, Kakao, Zucker, Mehl, Haferflocken, Salz, Gewürze und getrocknete Kräuter. Auch Kartoffeln. Hier hängt die Menge ganz entscheidend von der Lagerungsmöglichkeit ab. Denn idealerweise werden Kartoffeln im dunklen Keller aufbewahrt. Ist keiner vorhanden und werden die Kartoffeln in der warmen Küche gelagert, sind 5 bis höchstens 10 Kilo (je nach Familiengröße und Essvorlieben) ausreichend. Denn die keimfördernden Temperaturen machen aus den frischen Kartoffeln rasch schrumplige Knollen mit hässlichen Tentakeln.

Empfehlenswert ist es, immer eine Tüte H-Milch und einen Becher H-Sahne im Vorrat zu haben. Wenn gerade ein halber Liter Milch oder der berühmte Schuss Sahne fehlen, sowieso keine Zeit ist oder der Lebensmittelhändler um die Ecke Mittagspause macht, weiß man die Errungenschaften der Haltbarkeitstechnologie zu schätzen. Schlechtes Gewissen ist deswegen nicht nötig. Schließlich werden ansonsten im Alltag Frischmilch, Frischsahne, frischer Quark und Joghurt verzehrt.

Auch der Kühlschrank wird zum Lagern eingesetzt. Wobei Gemüse sich ganz unterschiedlich lang lagern lässt. So hält sich etwa 3 Tage lang ganz respektabel: Brokkoli, Champignons, Endiviensalat, Gurken, Kohlrabi, Rosenkohl, in feuchte Tücher gewickelter Spargel. Auf 6 Tage bringen es: Blumenkohl, Chicorée, Fenchel, Karotten, Paprikaschoten, Tomaten. Und Sellerie und Zucchini halten sich sogar länger als eine Woche.

Beim Einkauf von Milch, Quark und Joghurt sollte man unbedingt auf das Mindesthaltbarkeitsdatum achten. Ware, die sich noch relativ lange hält, ist frisch und schmeckt auch besser, und der nächste Einkauf lässt sich noch ein bisschen hinauszögern. Und das spart schließlich auch wieder Zeit.

Vorratshaltung, die sich lohnt	wie lange?	was beachten?
Im Regal oder in der Speisekammer		
Mehl	mehrere Monate	trocken lagern
Zucker	nahezu unbegrenzt	trocken lagern
Haferflocken	etwa 1 Jahr	trocken lagern
Reis	etwa 1 Jahr	trocken lagern
Nudeln	etwa 1 Jahr	trocken lagern
H-Milch	mehrere Wochen	
H-Sahne	mehrere Wochen	
H-Schmand	mehrere Wochen	
Dosengemüse (Bohnen, Tomaten, Mais …)	mehrere Jahre	
Kaffee	mehrere Wochen	trocken lagern
Tee	mehrere Wochen	trocken lagern
Gewürze	mehrere Monate	trocken lagern
Gemüsesuppenpulver	mehrere Monate	trocken lagern
Zwiebeln	mehrere Wochen	luftig lagern
Kartoffeln	zwei Wochen	im dunklen Keller: mehrere Monate

Vorratshaltung, die sich lohnt	wie lange?	was beachten?
Im Kühlschrank		
Brokkoli	3 Tage	
Champignons	3 Tage	nicht quetschen
Endiviensalat	3 Tage	nicht quetschen
Gurken	3 Tage	
Kohlrabi	3 Tage	
Rosenkohl	3 Tage	
Spargel	3 Tage	in feuchtes Tuch wickeln
Blumenkohl	6 Tage	
Chicorée	6 Tage	
Fenchel	6 Tage	
Karotten	6 Tage	
Paprikaschoten	6 Tage	
Tomaten	6 Tage	nicht quetschen
Sellerie	mehr als 1 Woche	
Zucchini	mehr als 1 Woche	
Milch	ca. eine Woche	frisch kaufen
Sahne	mehr als 1 Woche	frisch kaufen
Quark	mehr als 1 Woche	frisch kaufen
Butter	ca. drei Wochen	frisch kaufen
Joghurt	mehr als 1 Woche	frisch kaufen

Vorkochen

Auch wenn Vorkochen sich beinahe so anhört wie vorgekaut und leicht Assoziationen wie matschig, durchgekocht, geschmacklos aufkommen: Das muss nichts miteinander zu tun haben. Es gibt zwei Arten des Vorkochens: Sie können das gesamte Gericht fertig gekocht im Kühlschrank oder der Kühltruhe vorrätig haben oder aber nur einen Teil des Essens fertig vorbereiten.

Die idealen Vorkochgerichte sind seit eh und je Eintöpfe. Am Abend oder am Wochenende vorgekocht, werden sie, je nach Zeitpunkt des Verzehrs, im Kühlschrank oder der Tiefkühltruhe aufbewahrt, nach dem Aufkochen noch mal gewürzt und mit frischen Kräutern aufgepeppt. So schmeckt der Eintopf wie frisch gemacht.

Viel häufiger wird aber die zweite Variante des Vorkochens genutzt, also nur eine Komponente des Essens fertig vorbereitet.

Im Familienhaushalt – das lehrt die Erfahrung – werden häufig verschiedene Dinge parallel erledigt. Auch morgens. Denn während des täglichen Morgenrituals können durchaus schon mal die Pellkartoffeln kochen. Mittags wird dann daraus im Nu ein schöner Kartoffelsalat, Bratkartoffeln, Auflauf oder Tortilla (siehe Rezepte).

Auch Gulasch – wenn es denn mal Fleisch sein soll – kann morgens schon die erste Bräune erhalten und munter vor sich hin brutzeln, während die Familie mit Zähneputzen oder Kaffeetrinken beschäftigt ist. Allerdings sollten Sie es tunlichst vermeiden, bereits mit Kostüm oder Anzug in der Küche zu stehen, zum einen wegen der möglichen Flecken und zweitens, weil Sie den ganzen Tag diesen speziellen Geruch von Frischgebratenem um sich verbreiten.

Gibt es bei uns Kartoffelsuppe, dünstet meist morgens schon mal der (tiefgefrorene) Lauch, und wenn es die Zeit erlaubt, kommen auch noch die Kartoffelstücke hinzu und können kurz mitgaren. Mittags wird das Ganze dann mit Gemüsebrühe aufgefüllt, kurz gar gekocht, püriert und serviert.

Ein besonders dankbarer Kandidat fürs Vorkochen: der berühmte Milchreis. Er wird nur kurz aufgekocht und gart dann im geschlossenen Topf ohne zugeführte Hitze weiter. Mittags wird er dann nochmal aufgekocht und abgeschmeckt. Auch Pudding kann morgens schnell gekocht und mittags dann noch mit frischem Obst angereichert werden – allemal besser als Instantpudding.

Pizza gehört zu den beliebten Familiengerichten. Auch, weil es so viele Variationsmöglichkeiten gibt und jeder zu seinem Recht kommt. «Das mag ich nicht» hat dann keine Chance mehr. Allerdings kostet die Vorbereitung schon etwas Zeit. Auch wenn der Hefeteig – anders als üblich – nicht allzu lange gehen muss. Schließlich sollen die Teigfladen schön dünn bleiben. Für die schnelle Küche empfiehlt sich Folgendes: den Pizzateig abends vorbereiten, Teigkugeln formen, über Nacht im Kühlschrank aufbewahren und am nächsten Tag verarbeiten. Pizzateig hält sich im Kühlschrank 2 bis 3 Tage. Auch für Pizzabrot oder einer mit Schmand und Tomaten gefüllten Pizza kann der Teig verwendet werden, dann steht nicht jeden Tag das Gleiche auf dem Tisch. Das Einfrieren von Pizzateig empfiehlt sich nicht, weil das Auftauen zu viel Zeit in Anspruch nimmt.

Ganz Eilige können auch fertigen Pizzateig aus dem Kühlregal nehmen, der sich einige Zeit im Kühlschrank hält. Als Vorrat und für den Notfall ist auch das zu empfehlen. Wie viele fertige und vorgefertigte Gerichte ist Pizzateig allerdings nicht ganz billig.

Wenn man schon mal dabei ist … kann man auch eine größere Portion Gemüse putzen oder mehr Reis, Kartoffeln und Nudeln kochen. All das lässt sich nämlich für eine oder mehrere weitere Mahlzeiten sinnvoll einsetzen. Nur eine Stange Lauch zu putzen, eine Karotte zu reiben oder eine Paprikaschote zu schneiden kostet relativ viel Aufwand. Besser ist es, Gemüse in größeren Mengen zu verarbeiten. Das Gemüseputzen im großen Stil kann man dann erledigen, wenn auch entsprechend Zeit vorhanden ist. Alles, was nicht direkt verbraucht wird, wird eben eingefroren.

In unserem Kühlfach tummeln sich meist an Selbsteingefrorenem: Sellerie, Lauch, Paprika, Zucchini, Karotten, geriebener Käse, Pilz- und Tomatensoßen.

Das Kochen wird erheblich einfacher und effektiver, wenn das Vorkochen ganz selbstverständlich zum Familienalltag gehört.

Tiefgekühlt und eingedost

Keine Frage: Tiefkühlprodukte erleichtern das Kochen – vor allen Dingen sind sie Zeitsparer. Es muss ja nicht gleich das Fix- und Fertigprodukt aus dem Kühlfach sein. Denn hier versammeln sich meist unnötige, ungesunde Zusatzstoffe, zu viel Fett, Salz und andere Gewürze. Außerdem sind Fertigprodukte auf einen Einheitsgeschmack getrimmt – schließlich sollen sie in großen Mengen verkauft werden. Mit dem Eigengeschmack von Gemüse oder gar einzelner Kräuter hat das nicht mehr allzu viel zu tun. Werden die Kinder größer, kommen die Eltern kaum um ein gewisses Lager an eingefrorenen Pizzen, Snacks und anderen Fertiggerichten herum, es sei denn, sie bereiten Entsprechendes in ausreichenden Mengen selbst zu.

Wenn diese Art der Nahrung nicht überhand nimmt, ist es auch nicht tragisch, dass Kinder und Jugendliche sich hin und wieder ein Fertiggericht in den Backofen oder die Mikrowelle schieben. Wie bereits unter dem Stichwort «Lagern» erwähnt, können Kinder durchaus Gefallen an Halbfertigprodukten finden, die sie dann nach Belieben fertig stellen, also zum Beispiel gefrorene Pizzaböden oder Blätterteig, der mit Marmelade, süßem Quark oder auch Käse und Tomate zu einer Zwischenmahlzeit wird.

Tiefkühlprodukte, die nicht weiterverarbeitet wurden, genießen sogar bei Vollwertexperten Ansehen. Obst und Gemüse, das ohne weitere Verarbeitung direkt nach der Ernte eingefroren wird, behält einen Großteil seiner Vitamine und bietet deswegen gegenüber Gemüse und Obst, das bereits einige Tage beim Händler oder im Gemüsefach zu Hause gelagert wurde, eindeutige Vorteile. Gegen eingefrorenes Gemüse, Kräuter, Brot, Fisch und Fleisch ist also nichts einzuwenden, solange es nicht industriell weiterverarbeitet wurde.

Dosenfutter – das ist nichts Neues – hat nur noch wenig gesunde Bestandteile, ist aber außerordentlich zeitsparend. Ein typischer Konflikt also, den man nicht überbewerten sollte, solange Dosenfutter nicht zum Hauptbestandteil des Essens wird. Als praktische Ergänzung ist dagegen nichts einzuwenden. Auch hier gilt: Es sollte nur in Ausnahmefällen Fertigfutter wie Ravioli oder Eintopf sein, eher die Tomaten für die Pizza, grüne Bohnen fürs Gemüse, den Salat oder die Suppe, Mais für den Salat und weiße Bohnen für den Eintopf.

Was sich an Eingefrorenem und Eingedostem im Haus befinden sollte und wie lange sich die verschiedenen Lebensmittel aufbewahren lassen, steht im Kapitel «Lagern» auf Seite 21.

Stressfaktor Zeit

Mögen Sie auch diese Fernsehsendungen, bei denen zwei erwachsene Menschen in einer modernen Küche mit erlesenen Zutaten, gutem Wein und ohne Hektik wunderbare Menüs zaubern? Oder treibt Ihnen das die Tränen in die Augen?

So ein bisschen Muße wäre nämlich beim täglichen Pflichtprogramm Kochen gar nicht zu verachten. Doch die gibt's in der Regel nicht. Trotzdem muss Kochen nicht im Wahnsinnsstress enden. Mit Gelassenheit, ohne Perfektionismus, der entsprechenden Unterstützung (Frost, Dosen, selbst eingefrorenen Fertiggerichten oder Vorgekochtem) wird schon was draus. Und meistens sogar was Gutes. Manchmal sollte man einfach einen Moment innehalten und kurz überlegen, was eigentlich diesen Zeitstress ausmacht: Hat man sich vielleicht zu viel vorgenommen und will wieder zu perfekt sein? Reicht es nicht auch, zu den Pfannkuchen nur eine Gemüsesorte zu kochen und als Alternative noch Käsebelag, Schinken oder Kompott anzubieten? Bohnen aus der Dose, verfeinert mit der eigenen, im Kühlschrank gelagerten Salatsoße sind auch eine schmackhafte Beilage – nicht so frisch wie Kopfsalat, aber auch nicht ohne Nährwert und wirklich schnell zu bereiten.

Es muss nicht Tag für Tag das Superessen sein. Und wer legt eigentlich fest, dass immer mittags warm gegessen wird? Klar, soll man sich am Abend nicht den Magen voll schlagen. Aber was ist gegen ein warmes Essen um sechs Uhr einzuwenden? Gar nichts. Mittags gibt es dann eben Brot, Tomaten, Käse, vielleicht einen schnellen Salat, ein Glas frische Bananen- oder Erdbeermilch, einen würzigen oder süßen Quark. Variationen zu einem schlichten Butterbrot gibt es viele.

Selbst gemacht, Convenience oder Fertigfutter?

Was für eine Frage: Klar ist selbst gemacht am besten. Zumindest dann, wenn die Zutaten frisch und gut sind, die Zubereitung schonend und für all das genügend Zeit vorhanden ist. Komponenten, die nicht unbedingt immer zusammenkommen. Liegen zum Beispiel Brokkoli oder Champignons schon mehrere Tage im Kühlschrank, haben sie nicht nur an Aussehen,

sondern auch gewaltig an gesunden Nährstoffen eingebüßt. Tiefgefrorene Champignons, bereits geputzt und geschnitten, oder Brokkoli und Blumenkohl aus dem Tiefkühlfach sind dann allemal die bessere Variante.

Convenience bedeutet nichts anderes als die industrielle Vorbereitung von Speisen oder Getränken für den Konsum. Das können also die Gemüseportionen aus dem Tiefkühlfach sein, der fertige Pizzaboden oder die Instant-Gemüsebrühe, Spaghetti oder Lasagnenudeln.

Selbst gemacht oder Convenience, diese Frage stellt sich schon vielfach deswegen nicht, weil wir eh schon jede Menge Convenience-Produkte verwenden.

Und sogar Fertigprodukte finden sich reichlich im Haushalt: Brot, Wurst, Käse, Joghurt – all das selbst zu machen würde sogar Familien überfordern, die viel Zeit haben.

Zwei mal eins ist drei

Wäre es schön, wenn man zaubern könnte – und mit einem Fingerschnippen stünde das fertige Essen auf dem Tisch! Leider funktioniert das nicht, aber aus einem Essen zwei Speisen zu machen oder aus einer Vorbereitung drei Mahlzeiten, das grenzt doch schon fast an Zauberei und ist gar nicht so schwer.

Kartoffeln sind wahre Zaubergewächse. Aus Pellkartoffeln lassen sich die verschiedensten Gerichte bereiten: Salat, Auflauf, Kartoffelgemüse, Bratkartoffeln und Kartoffelbrei. Dieser lässt sich sogar noch ein weiteres Mal verändern: zu kross gebratenen Kartoffelplätzchen.

Dass man aus gekochten **Nudeln** einen leckeren Salat oder Auflauf machen kann, lernen Eltern sehr schnell. Zumal alles, was mit Nudeln zusammenhängt, beim Nachwuchs in der Regel gut ankommt.

Aus vielen **Gemüse**gerichten lassen sich am nächsten Tag Suppen kochen, zum Beispiel aus Blumenkohl und Spargel, aber auch aus Karotten und Erbsen.

Beispiel: **Pizza**. Wenn man abends die doppelte Menge Pizzateig bereitet, sie in Kugeln geformt im Kühlschrank aufbewahrt, hat man die Basis für zwei bis drei verschiedene Mahlzeiten: natürlich Pizza, dann gefüllte Teigtaschen und schließlich Pizzabrot oder Brötchen. Aus dem Pfannkuchenteig von heute werden die entscheidenden Zutaten für die Flädlesuppe von morgen.

Beispiele, wie aus einem Essen ein neues entstehen kann, gibt es noch viele, der Phantasie sind keine Grenzen gesetzt, und Phantasie ist eine wichtige Zutat beim Kochen.

Problemzone Frühstück

Gibt es das: Frühstücker und Frühstücksverweigerer? Offensichtlich. Egal, wie alt: Manche Menschen wachen morgens mit einem Heißhunger auf, und andere bringen vor zehn Uhr nichts runter. Auch Kindern geht es so. Bei ihnen stellt sich der erste Hunger meist vor zehn Uhr ein, aber halt nicht unbedingt zwischen Anziehen und Schulweg. Nun wissen wir ja, wie wichtig regelmäßige und vernünftige Nahrung gerade für Kinder ist und welchen Einfluss sie auch auf ihre schulische Leistungsfähigkeit hat. Doch was soll man tun, wenn die Kinder morgens nichts essen wollen? Und wenn die Zeit zur Nahrungsaufnahme ohnehin sehr begrenzt ist, weil in der kurzen Zeit zwischen Aufstehen und Haustürschließen so vieles erledigt werden muss?

Das Angebot bestimmt die Nachfrage – ähnlich funktioniert das auch beim Essen. Ein paar Stücke Paprika, Apfel, ein kleines Stück Vollkornbrot mit Honig, dazu Kakao, Milch oder Tee auf dem Küchentresen oder dem Tisch lassen vielleicht auch Frühstücksmuffeln das Wasser im Munde zusammenlaufen. Es muss nicht das toll dekorierte Brot oder stilvoll kombinierte Häppchen sein, für das die Eltern dann noch eine Stunde früher aus dem Bett springen müssten. Eine Auswahl der genannten einfachen Angebote reicht aus. Vielleicht noch ergänzt mit Nüssen, Joghurt oder was sonst beliebt und vorrätig ist. Es kommt auf einen Versuch an. Die tollsten und gesündesten Frühstückskreationen können Sie auf den Sonntag verschieben, wenn Sie Lust dazu haben.

Fürs **Schulfrühstück** kommen in die Dose: ein paar Paprikastreifen, Karotten- oder Apfelstücke. Das Käsebrot kann mit Gurkenscheiben und Salatblättern aufgepeppt werden, und auch die kalten würzigen Waffeln oder Pizzarollen vom Vortag finden ihre Fans. Den süßen Heißhunger stillen Vollkornkekse – wenn die Banane nicht gewünscht ist. Und ungesalzene Nüsse sind ideal zum Knabbern zwischendurch.

Gesund soll's sein

Wir lesen es Tag für Tag und wissen es ohnehin: Der Mensch braucht Vitamine, aber auch Eiweiß, Ballaststoffe, Eisen und vieles mehr. Nun steht aber auf den Lebensmitteln dummerweise nicht drauf, was und wie viel davon drin ist. Mit anderen Worten: wie viel Apfel, Paprika, Körner, Kartoffel sollte der Mensch täglich zu sich nehmen? Und wie kriegen wir das in unseren Kochplan? Und wie wird schließlich daraus noch ein leckeres Essen? Besonders die Vitamine machen uns Kopfzerbrechen. Denn schließlich sind sie mit verantwortlich für unseren Stoffwechsel. Und weil unser Körper nun mal die meisten dieser lebensnotwendigen Substanzen nicht selbst produziert, müssen wir sie ihm zuführen. Am besten durch eine gesunde Ernährung. Nun möchte aber niemand ständig mit einer Nährwert- oder Vitamintabelle herumlaufen, am wenigsten berufstätige Eltern, die haben schon genug zu organisieren.

Zum Glück gibt's auch hier Hilfe. Die Deutsche Gesellschaft für Ernährung, das Gesundheitsministerium und viele andere Organisationen haben im Juni 2000 die Aktion 5-a-day gestartet. Ein simples und doch wirkungsvolles Rezept für eine ausgewogene und gesunde Ernährung. Die Kampagne wird von vielen Organisationen, auch von Krankenkassen und der Deutschen Krebsgesellschaft, unterstützt und wird in den kommenden Jahren mit verschiedenen Aktionen an die Öffentlichkeit gehen.

5-a-day bedeutet: fünfmal am Tag Obst und Gemüse essen. Das Schreckensbild von zuhauf geputztem Gemüse, geschnittenen Äpfeln, geschälten Apfelsinen und entsprechendem Abfall – vergessen Sie ganz schnell wieder. Es gibt durchaus realistische Szenarien, wie dieser Grundsatz selbst in Familien mit berufstätigen Eltern umgesetzt werden kann.

Zu 5-a-day zählen auch Obst- und Gemüsesäfte, tiefgefrorenes Gemüse oder Obst und sogar Konserven.

Komponenten können danach zum Beispiel sein: Müsli mit Obst, Möhren zum Knabbern oder eine Banane, Nudeln mit Gemüsesoße, Pudding mit Sauerkirschen (die können auch aus dem Einmachglas kommen), Champignons mit frischen Kräutern und ein Glas Apfelsaft. Allesamt keine sehr aufwendigen Speisen, die sich auch gut in einem Familienhaushalt mit zeitlich engem Rahmen zubereiten lassen. Weitere Informationen, Rezepte, Tipps und Aktuelles gibt es bei: http://www.5amtag.de

Wo ist das Futter?

Untersuchungen der Firma Elektrolux haben ergeben, dass die Küche und dort der Kühlschrank der meist frequentierte Ort eines Haushalts sind.

Egal, wann unsere Kinder die Küche betreten, ob sie aus der Schule kommen, vom Sport oder Musikunterricht, von Freunden oder aus ihrem Zimmer. Der erste Weg ist immer der zum Kühlschrank. Als ob sich dort Tag für Tag erneut ein Geheimnis lüften ließe oder die große Überraschung wartete. Zwischen Küchen- und Kühlschranktür müsste es schon einen ausgetretenen Trampelpfad geben. Ein kritischer Blick in das Schrankinnere – und entweder das eine oder andere Lebensmittel findet das Wohlwollen des Nachwuchses oder nicht. Wenn sich also in diesem Zauberschrank das Richtige befindet, sind schon die entscheidenden Schritte zu einer vernünftigen Ernährung getan. Das sind zum Beispiel ein auf den Familiengeschmack abgestimmtes Käseangebot, Kompott und Naturjoghurt. Auch fertige Joghurtprodukte – sie sind allemal besser als Fertigpudding oder Milchschnitte. In der Gemüseschale Karotten, Gurken, Tomaten und Paprika.

Wenn im Vorratsschrank Brot oder Brötchen vorhanden sind, noch eine Dose mit gemischtem Müsli bereitsteht, vielleicht auch die eine oder andere Fischkonserve oder Baked Beans, im Tiefkühlfach Pizzaböden, Blätterteig oder Backofen-Pommes-frites lagern, ist die Küche für alle Hungerattacken der Familienmitglieder gerüstet.

«Vor dem Essen wird nichts gegessen» gilt ja schon lange nicht mehr. Spätestens seitdem bekannt ist, dass täglich mehrere kleinere Mahlzeiten gesünder sind, als sich dreimal täglich den Bauch voll zu schlagen.

Also: Es ist ganz selbstverständlich, dass Kinder mehrmals am Tag die Küche zwecks Nahrungssuche betreten. Wichtig ist, dass sie dort auch etwas Vernünftiges finden.

Wer will was? Entscheidungen am Herd

Klar, dass jeder das essen möchte, was er am liebsten mag. Die Geschmäcker innerhalb einer Familie sind aber nicht identisch – im Gegenteil: Meist sind sie eher ein Beweis für die Vielfalt des menschlichen Lebens.

Eltern hören das oft genug: «Igitt» oder «das ess ich nicht» und noch schlimmer: «immer gibt's nur das, was Anna (Christian, Kerstin – oder wie immer die Geschwister heißen) mag». Sätze, die treffen können, schließlich hat man ja Zeit und Mühe, vielleicht auch noch Phantasie in die Essensvorbereitung gesteckt und will weiß Gott kein Kind bevorzugen.

Doch vor solchen Situationen kann auch kein Ernährungsratgeber schützen, es kann nicht immer allen gleich gut schmecken. Demokratie kann also manchmal auch schmerzhaft sein oder auf den Magen schlagen, jedenfalls in der Küche. Was man versuchen kann: so viel «Volksentscheid» wie möglich, zumindest in bestimmten Bereichen.

Gute Erfahrungen haben wir damit gemacht, dass die einzelnen Essenskomponenten noch bei Tisch selbst zusammengestellt werden können. Das fängt schon bei Kleinigkeiten an: Der Schmand, die Kräuter, gegebenenfalls auch der Schinken werden nicht fix und fertig in die Kartoffelsuppe gerührt, sondern stehen alle einzeln neben dem «Basisgericht». Jeder kann dann die Suppe zusammenstellen, die er mag. Oder Salat: Die einzelnen Zutaten wie Blattsalat, Gurke, Tomate, Mais, Käse, Bohnen und anderes werden nebeneinander auf eine Platte gelegt. Dazu gibt es zwei Salatsoßen zur Auswahl (die vorbereiteten aus dem Kühlschrank), und jeder stellt sich seinen Lieblingssalat zusammen. Das funktioniert auch bei vielen anderen Gerichten und macht keineswegs mehr Arbeit. So wird auch die Experimentierfreude der Familie gefördert, und irgendetwas Essbares findet sich dann für jeden. Bestimmt nicht immer das Lieblingsgericht, aber im Laufe der Zeit kommen alle zu ihrem Recht.

Wer macht was?

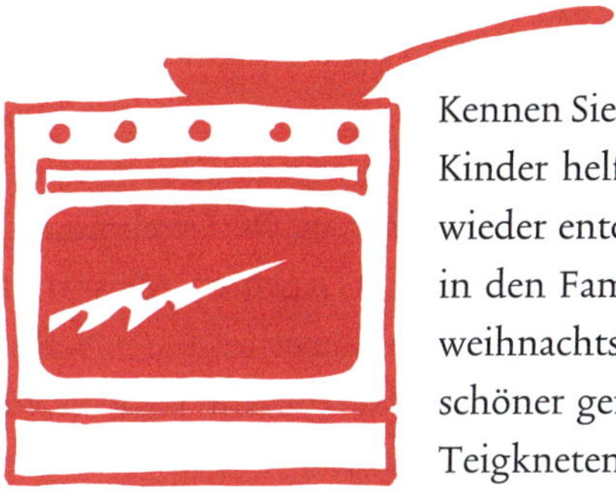

Kennen Sie diese schönen Heile-Welt-Bilder: die Kinder helfen gern mit in der Küche. Hin und wieder entdeckt man entsprechende Glanzfotos in den Familienzeitschriften. Meist in der Vorweihnachtszeit. Aber da wird eh die Welt meist schöner gemalt, als sie ist. Natürlich macht das Teigkneten oder Plätzchenausstechen Spaß – jedenfalls den meisten Kindern. Aber das tägliche Kochritual? Vorschulkinder mag man noch hin und wieder von der Mitarbeit in der Küche begeistern können. Später ändert sich das. Erstens wegen mangelndem Interesse, zweitens, weil einfach keine Zeit ist. Denn wenn die Kinder nach 5, 6 oder noch mehr Stunden Schule nach Hause kommen, steht ihnen nicht unbedingt der Sinn nach Kochen. Sie haben einfach nur Hunger. Also bloß kein Neid, wenn andere erzählen, dass es in ihren Küchen so harmonisch zugeht und jeder kräftig mit anpackt. Da spielt eine ganze Portion Wunschdenken oder Talent zum Märchenerzählen mit.

Klar, dass Kinder möglichst früh auch in die Essenszubereitung (und Nachbereitung, sprich: Aufräumen) mit einbezogen werden können und sollen. Wenn es von Anfang an selbstverständlich ist, dass jeder seinen Teller, aber auch Töpfe und Schüsseln nach dem Essen abräumt, möglichst auch in die Spülmaschine stellt, wird es in diesem Punkt auch mit größeren Kindern kaum noch Auseinandersetzungen geben, weil es in «Fleisch und Blut» übergegangen ist. Bei anderen häuslichen Aufgaben ist es schon etwas schwieriger: Herd reinigen, Küche putzen, Müll entsorgen, Geschirr in die Schränke räumen. Da haben Familien entweder ihre eigenen Tricks, oder aber die Haushaltspflichten sind ständiger Streitpunkt und Krisenherd.

Allerdings hilft die Devise: Arbeit minimieren. Glücklich kann sich nennen, wer einen Dampfgarer besitzt, die Garschalen eignen sich gleichermaßen zum Servieren, es gibt keine Fettspritzer vom Kochen, keine Herdplatten, die gereinigt werden müssen.

Doch auch ohne Dampfgarer lässt sich Geschirr einsparen. Muss denn jedes Gericht noch vom Topf in die Schüssel gepackt werden? Reicht es nicht, wenn wir uns einen solchen Luxus in Ausnahmefällen gönnen? Oder sind die Töpfe im wahrsten Sinne des Wortes wirklich so potthässlich?

Freunde von uns haben eine ganz simple und erstaunlich erfolgreiche Methode entwickelt. Nach dem Grundsatz «Auch wir müssen für unser Geld arbeiten», wird das Taschengeld an die Kinder nur dann ausgezahlt, wenn sie ihre Zimmer im begehbaren Zustand halten und bestimmte andere Aufgaben im Haushalt übernehmen.

Ansonsten klappt gelegentlich auch der Trick mit der scheinbaren Wahl, die jeder hat. Scheinbar deswegen, weil von vorneherein eine Vorauswahl getroffen und die Möglichkeit «Ich tue nichts» erst gar nicht geboten wird. Das geht zum Beispiel so: «Willst du lieber die Spülmaschine ausräumen, die Küche fegen oder den Müll rausbringen?» – und funktioniert fast immer.

Heute wieder keine Zeit? – Tipps gegen das schlechte Gewissen

Statt in Katastrophenstimmung zu geraten, weil mal wieder überhaupt keine Zeit für Küche und Herd ist, sollte man aus der Not eine Tugend oder etwas Besonderes machen. So wie die Montage in meiner Kindheit. Montags war nämlich Waschtag, und das bedeutete, dass die gesamte Küche mit Waschmaschine, Schleuder und Wasserbottichen voll gestellt war und der Morgen ganz für die Wäsche draufging. Deswegen musste die Familie mittags aber nicht hungern: Es gab Flaschenkakao (ein Luxus) und frische Brötchen mit Aufschnitt und Käse. Das war vielleicht nicht das gesündeste Essen – aber die ganze Familie hat es genossen, und bei den Kindern war es weitaus beliebter als Linseneintopf oder Blumenkohl.

Warum muss mittags immer warm gegessen werden? Wenn die warme Mahlzeit pro Tag mal komplett ausfällt, wird die Familie auch nicht krank. Kurzum: Brot und Brötchen sind in der Regel zur Hand – notfalls werden sie aus dem Frost geholt. Wenn dann noch ein Teller mit Tomaten, Gurken, Paprika oder Karotten bereitsteht, vielleicht noch eine Schüssel mit Obst, dazu gekochte Eier, Käse und Bananenmilch (notfalls auch Flaschenkakao) – sollten die Lieben eigentlich alle satt werden. Mit Tomaten und Käse belegt, können Brötchen oder Fladenbrot auch kurz im Ofen überbacken werden. Eine Aufgabe, die von jedem selbst erledigt werden kann. So gibt es auch ohne Pizzataxi eine schnelle Pizza.

Jetzt wird es ernst: Rezepte für den Alltag

Messen, wiegen und mehr

In der Familienküche werden die Zutaten im Laufe der Zeit nicht mehr so genau bemessen. Küchenwaage und sogar der Messbecher – so unsere Erfahrung – kommen immer seltener zum Einsatz. Löffel und Tassen oder Becher sowie die hohle Hand umso häufiger. Ein Esslöffel Zucker sind eben etwa 25 Gramm – da lohnt es sich nicht, die Küchenwaage für 100 Gramm in Aktion zu setzen. Und für vier Personen braucht man etwa 2 Tassen Reis.

Bei Flüssigkeiten verhält es sich ähnlich: Die Mengen für die verschiedenen Gerichte sind in der Regel Richtgrößen, die von der Menge und Beschaffenheit der übrigen Zutaten und vom Kochvorgang selbst abhängig sind.

Keine Bange: In unseren Rezepten gibt es Mengenangaben – doch verstehen Sie diese als Richtschnur und nicht als Dogma.

Die Rezepte gelten für zwei Erwachsene und zwei bis drei Kinder. Sind die Kinder schon größer, dann reicht die Mahlzeit nur für vier Personen, während von der gleichen Menge zwei Erwachsene und drei jüngere Kinder satt werden.

Bunt und gesund: Salate

Soßen sind das A und O beim Salat. Sie jedes Mal frisch zuzubereiten, kostet aber Zeit. Praktischer ist es, gleich eine größere Menge anzurühren und im Kühlschrank aufzubewahren. Selbst gemachte Salatsoßen halten sich dort vier bis fünf Tage. Am Wochenende vorbereitet, reicht die Soße dann bis zum Ende der kommenden Woche. Sie kann jederzeit mit frischen oder getrockneten Kräutern oder Knoblauch variiert werden und schmeckt so auch nicht jeden Tag gleich.

Salatsoße I (auf Vorrat)

- 20 EL Öl
- 15 EL Balsamico-Essig
- 5 TL Senf
- 1 TL Zucker
- 1 TL Salz
- Pfeffer

Zutaten im großen Schüttelbecher mischen und in einer verschließbaren Plastikdose oder im Vorratsglas im Kühlschrank aufbewahren.

Sahnesoßen lassen sich erfahrungsgemäß nicht so gut aufbewahren. Aber für zwei oder drei Tage reicht es allemal.

Salatsoße II (auf Vorrat)

- 300 g Vollmilchjoghurt
- 2 Knoblauchzehen
- Schnittlauch
- (auch weitere Kräuter wie Petersilie und Sauerampfer)
- etwas Essig oder Zitronensaft
- Salz
- Pfeffer

Alles mischen und gut verschlossen im Kühlschrank aufbewahren. Kurz vor dem Servieren können Sie noch einen Schuss frische Sahne oder Milch unterrühren.

Salatplatte

Der eine mag keine Tomaten, die andere isst eigentlich nur Gurken. Und für den Dritten wird der Salat erst durch Mais und Käse gekrönt. Da die Familienküche aber nun mal kein Restaurantbetrieb ist, muss man nach anderen Lösungen suchen, damit möglichst alle Familienmitglieder etwas Frisches essen. Bei uns seit langem ein Renner: große Salatplatten. Dort werden nebeneinander all die Salatkomponenten arrangiert, die zur Hand sind: Tomaten, grüner Salat, Gurken, Karotten, Feldsalat, Fenchel, Paprika, dazu kommen Mais, Kidneybohnen oder grüne Bohnen aus der Dose, ein paar hart gekochte und klein geschnittene Eier, gekochte, gewürfelte Kartoffeln, geriebener Käse. Der Phantasie sind wenig Grenzen gesetzt. Die Zutaten werden nicht gemischt, damit alle das wählen können, was ihnen behagt. Auf einem Extrateller (wegen der Vegetarier/innen) gibt es vielleicht noch Schinkenstücke oder Thunfisch.

Die Soße gießt sich jeder selbst über den Salat. Im Angebot sind die beiden oben beschriebenen Salatsoßen. Zusammen mit Vollkornbrot oder Baguette gibt dies ein gesundes Hauptgericht, im Sommer wie im Winter.

Aus Lauch oder Chicorée lässt sich schnell mal ein Salat kreieren.

Apfel-Porree-Salat

- 1 Stange Porree
- 2 Äpfel
- 150 g Joghurt
- ½ Zitrone
- etwas Zucker
- Pfeffer
- Curry

Porree putzen, gründlich waschen und in dünne Scheiben schneiden. Äpfel waschen und grob reiben. Soßenzutaten verrühren. Porree und Äpfel untermischen und abschmecken.

Chicorée-Salat

- 1 Chicorée
- 1 Banane
- 1 Apfel
- 100 g Joghurt
- 100 g Sahne oder Milch
- 2 EL Essig
- Salz, Pfeffer
- Zucker
- Curry

Chicorée waschen, teilen, den bitteren Strunk herausschneiden, nochmals längs teilen und in Scheiben schneiden.
Banane und Apfel klein schneiden.
Soßenzutaten verrühren und den Salat untermischen, dann alles abschmecken.

Grüner Salat kommt in Kombination mit Eiern ganz anders als üblich daher.

Grüner Salat mit Eiern

- 1 Kopf Salat
- 2 Eier
- Salatsoße I oder II

2 Eier hart kochen, abschrecken und schälen.
Salat putzen, zerpflücken und waschen.
Eier klein schneiden (mit Eierschneider).
Salat mit der Soße vermischen, anrichten und die Eier darüber verteilen.

Eiersalat

- 5 hart gekochte Eier
- 3–4 kleine Gewürzgurken (Cornichons)
- 1 TL Senf
- 150 g Schmand
- Curry
- Paprikapulver (süß)
- 30 g Kapern

Eier schälen und klein schneiden (mit Eierschneider).
Gewürzgurken klein schneiden.
Schmand, Senf, Curry und Paprikapulver verrühren.
Eier, Kapern und Gewürzgurken unterrühren.
Dieser Salat passt gut zu einem kalten Mittagessen.

Kartoffel als Bestandteil eines Salats findet man häufig in der südeuropäischen Küche, vorwiegend in Spanien. Auf diese Art wird der Salat gehaltvoller, und die Reste vom Vortag (ein paar Pellkartoffeln) lassen sich geschickt verwerten.

Feldsalat mit Kartoffeln

- 2 Pellkartoffeln
- 100 g Feldsalat
- Salatsoße I oder II

Pellkartoffeln schälen und würfeln.
Feldsalat putzen und waschen.
Kartoffeln und Feldsalat mit der Soße mischen.

Einer fehlt noch: der **Kartoffelsalat**. Sättigend und schnell zubereitet, wenn die Pellkartoffeln noch vom Vortag stammen – oder bereits früh morgens neben Kaffeetrinken und Zähneputzen gekocht wurden. Die Rezepte dazu gibt es im Kapitel über die glorreiche braune Knolle, bei den Kartoffelgerichten also.

Aus Gemüse wird Salat. Beispiel: Blumenkohl.

Blumenkohlsalat

- 1 Blumenkohl
- Salz
- eine halbe Knoblauchzehe
- 2 Lauchzwiebeln
- 3 EL Öl
- 2 EL Essig
- frisch gemahlener Pfeffer

Blumenkohl putzen, in kleine Röschen teilen und in Salzwasser gar kochen – aber nicht zu weich.
Abgießen – etwas Kochwasser aufbewahren.
Blumenkohl abtropfen lassen.
Knoblauch schälen und klein schneiden.
Lauchzwiebeln fein hacken.
Den aufbewahrten Rest Kochwasser mit Essig und Öl mischen.
Lauchzwiebeln und Blumenkohl dazugeben.
Mit Salz und Pfeffer abschmecken.

Blumenkohlsalat muss eine Weile ziehen, damit er schmeckt. Praktisch ist es, einen großen Blumenkohl zu kaufen, und – bei ein bisschen mehr Zeit – die eine Hälfte fürs Gemüse zu verwenden und die andere für den Salat. Der kann dann über Nacht im Kühlschrank ziehen, und für den nächsten Tag ist eine Essenskomponente schon fertig.

Wenn's mal ganz schnell gehen soll: Salate aus Dosengemüse

Bohnensalat 1

- 1 Dose Prinzessbohnen
- 1 kleine Zwiebel
- 150 g Sahne (oder Sahne mit Milch gemischt)
- 2 EL Essig
- Pfeffer
- Salz

Bohnen abtropfen lassen.
Aus den restlichen Zutaten eine Salatsoße mischen.
Bohnen und Soße verrühren.

Bohnensalat 2

- 1 kleine Dose superdicke weiße Bohnen
- 1 kleine, in feine Würfel geschnittene Zwiebel
- 1 gehackte Knoblauchzehe
- 1 Bund gehackte Petersilie
- 3 EL Olivenöl
- Essig nach Geschmack
- etwas Salz
- viel Pfeffer

Aus den Zutaten eine Salatsoße rühren.
Die abgetropften Bohnen damit vermischen.

Mehr als eine Vorspeise: Suppen

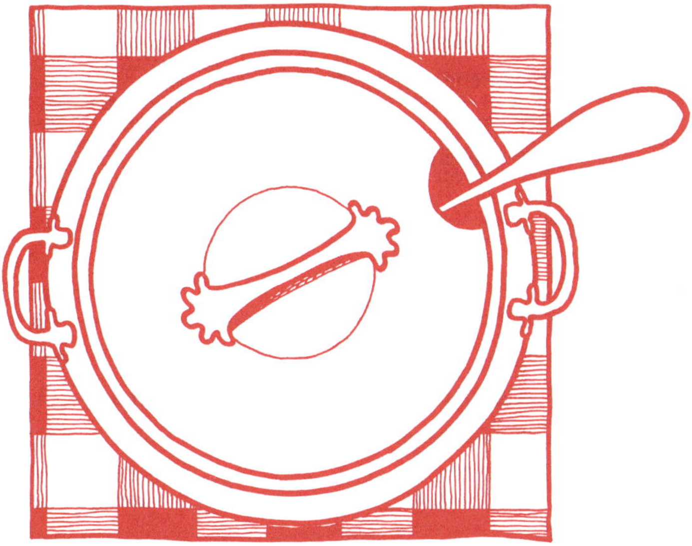

Suppen gelten allgemein als Vorspeise, als Entree zu einem Menü. Aber kombiniert mit Brot oder Brötchen, angereichert mit Nudeln, Kartoffeln oder Flädle und schließlich ergänzt durch einen Nachtisch mit Quark oder Reisbrei und frischem Obst wird daraus ein schnelles und sättigendes Familienessen.

Das Würzen der Suppen funktioniert am schnellsten mit einer Instant-Gemüsebrühe, Pulver also, das in Wasser aufgelöst wird. Die bekanntesten sind wohl die von Knorr, Maggi oder Frugola aus dem Reformhaus. Sicherlich ist es besser, aus verschiedenen Gemüsesorten selbst eine Brühe herzustellen – aber wer hat schon die Zeit dazu? Wenn Sie also auf die Fertigprodukte zurückgreifen, dann variieren Sie sie einfach mit verschiedenen Kräutern. Dann entsteht kein Einheitssuppengeschmack.

Eine der traditionsreichsten Suppen überhaupt – und ganz einfach zuzubereiten:

Gemüse-Nudelsuppe

- 3–4 TL Instant-Gemüsebrühe
- 100 g Tiefkühl-Erbsen
- 50 g Stangensellerie oder Sellerie
- 1–2 Möhren
- 60 g Sternchen- oder Buchstabennudeln
- 1 Ei
- 1 l Wasser

Wasser mit Instant-Gemüsebrühe aufkochen.
Stangensellerie und Möhren putzen und klein schneiden.
Gemüse und Suppennudeln in die Brühe geben und 8 Minuten garen.
Ein rohes Ei dazugeben und schnell mit der Gabel durchschlagen.

Tortellini mal anders zubereitet – fast wie schwäbische Maultaschensuppe.

Tortellini-Eintopf

- 2 TL Instant-Gemüsebrühe
- 150 g Tiefkühl-Suppengemüse
- 150 g Tortellini mit Spinat-Käse-Füllung (frisch oder als Trockenprodukt)
- $^1/_2$ EL gehackte Petersilie
- 2 EL geriebener Parmesan
- $^1/_2$ l Wasser

Wasser mit Instant-Gemüsebrühe aufkochen.
Das Suppengemüse hineingeben und etwa 5 Minuten darin garen.
Tortellini dazugeben und nach Packungsangabe gar ziehen lassen.
Käse und Kräuter können auch bei Tisch darüber gestreut werden.

Hier kommen unser selbst eingefrorenes Gemüse und der ebenfalls tiefgefrorene geriebene Käse zum Einsatz. Damit ist diese Suppe wirklich im Handumdrehen zubereitet.

Paprikasuppe

- 3–4 rote Paprikaschoten
- 2 TL Instant-Gemüsebrühe
- Öl
- Pfeffer
- Muskat
- Salz
- geriebener Käse zum Überbacken
- 200 g Sahne
- ½ l Wasser

Paprika waschen, putzen und in kleine Stücke schneiden.
Im heißen Öl andünsten.
Wasser und Instant-Gemüsebrühe zufügen und etwa 10 Minuten kochen.
Sahne dazugeben und aufkochen.
Mit Salz, Pfeffer und Muskat abschmecken.
In Suppentassen füllen und mit Käse bestreuen.
Unter dem vorgeheizten Grill überbacken.
Noch einfacher: auf das Überbacken verzichten und den Käse auf der heißen Suppe schmelzen lassen.

Pfannkuchen vom Vortag laufen in der Flädle-Suppe noch mal richtig zur Hochform auf.

Flädle-Suppe

- 4 TL Instant-Gemüsesuppe
- Suppengrün (gefroren oder frisch)
- nach Belieben eine Hand voll gefrorene Erbsen
- in ganz dünne Streifen geschnittene Pfannkuchen
- 1 l Wasser

Wasser und Instant-Gemüsebrühe aufkochen.
Suppengrün und Gemüse dazugeben und 5 Minuten garen.
Die Pfannkuchen hinzugeben und nochmal leicht köcheln.

Blumenkohl kommt nicht nur als Gemüse und Salat zur Geltung. Gut gewürzt und mit Sahne verfeinert wird daraus eine köstliche Suppe.

Blumenkohlsuppe

- gegarter Blumenkohl vom Vortag mit Brühe
- 2 TL Instant-Gemüsebrühe zum Würzen
- Muskat
- 1 Eigelb
- 100 g Sahne
- etwas Kartoffelmehl oder andere Speisestärke

Blumenkohlbrühe mit Wasser auf etwa 1 Liter auffüllen.
Instant-Gemüsebrühe dazugeben und aufkochen.
Blumenkohlstücke hinzufügen.
Eigelb, Sahne, Muskat und Speisestärke im Schüttelbecher mischen.
Mischung in die Suppe rühren.
Einmal kurz aufkochen.

Karotten schmecken roh und gekocht. In der Suppe – kombiniert mit Petersilie und Crème fraîche – kommt ihr milder Geschmack besonders gut zur Geltung. Und schön sieht dieses orange-grün-weiße Essen auch noch aus. Wenn ganz wenig Zeit ist oder keine frischen Karotten zur Hand sind, tun's auch die tiefgefrorenen.

Karottensuppe

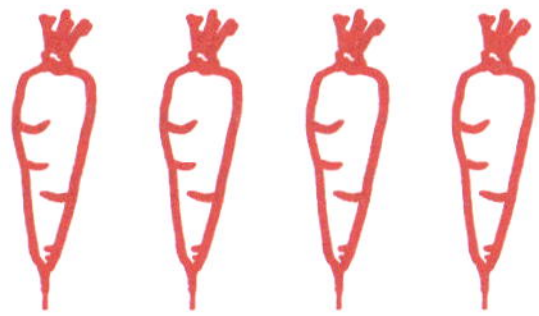

- 500 g Karotten
- Öl
- 2 TL Instant-Gemüsebrühe
- Schmand oder Crème fraîche
- 2 EL gehackte Petersilie
- 1 l Wasser

Karotten putzen, waschen, schälen, klein schneiden,
und im heißen Öl andünsten.
Wasser dazugeben, aufkochen.
Instant-Gemüsebrühe unterrühren.
15 Minuten kochen. Abschmecken.
Schmand oder Crème fraîche und Petersilie wird von jedem selbst bei Tisch dazugegeben.

Kartoffelsuppe gehört zu den Favoriten in unserer Familie. Lauch wird immer wieder in großen Mengen, aber verpackt in kleinen Portionen, eingefroren. Das zahlt sich dann beim Suppekochen aus.

Kartoffelsuppe

- 1 dicke oder 2 dünne Stangen Lauch
- Öl
- 5 mittelgroße Kartoffeln
- 4 TL Instant-Gemüsebrühe
- Pfeffer
- Salz
- Schmand
- 1 l Wasser

Lauch putzen, waschen und in dünne Scheiben schneiden.
Im Öl andünsten.
Die geschälten und klein geschnittenen Kartoffel kurz mitdünsten.
Mit Wasser auffüllen und aufkochen.
Instant-Gemüsebrühe unterrühren.
Etwa 15 Minuten kochen, bis die Kartoffelstücke weich sind.
Mit dem Pürierstab pürieren.
Mit Salz und Pfeffer abschmecken.
Zusammen mit einer Schüssel Schmand servieren.

Eine Suppe aus frischen Tomaten schmeckt nach Urlaub. Aber das Überbrühen, Schälen und Weiterverarbeiten kosten Zeit, und schließlich ist die Variante mit Dosentomaten auch nicht zu verachten.

Tomatensuppe

- 1 Dose geschnittene Tomaten
- 2 TL Instant-Gemüsebrühe
- Basilikum (frisch oder getrocknet)
- 1 kleine Zwiebel
- 1 Knoblauchzehe
- Öl
- $^{1}/_{2}$ l Wasser

Zwiebel und Knoblauch schälen und sehr klein schneiden.
Im heißen Öl andünsten.
Die Tomaten hinzufügen.
Mit Wasser und Instant-Gemüsebrühe auffüllen.
Einige Minuten kochen.
Abschmecken und gehackte Kräuter darüber streuen.

Tomatensuppe lässt sich noch mit einem Schuss Sahne verfeinern, und die schöne farbliche Kombination macht zusätzlich Appetit.

Zwiebelsuppe erwartet man vielleicht nicht unbedingt in der Familienküche. Gerade Kinder sind diesem Gemüse gegenüber nicht immer aufgeschlossen. Wir haben aber mit dieser Suppe gute Erfahrungen gemacht. Durchs Dünsten und Kochen verlieren die Zwiebeln ihre Schärfe und geben der Suppe einen kräftigen Geschmack. Außerdem: Die fertige Suppe (das heißt, bereits in Suppenschüsseln portioniert und mit Käse überbacken) lässt sich gut zwei Tage im Kühlschrank aufbewahren ist nach wenigen Minuten in der Mikrowelle wieder servierfertig.

Zwiebelsuppe

- 5 Zwiebeln
- Butter
- 4–5 TL Instant-Gemüsebrühe
- Pfeffer (grob geschrotet oder gemahlen)
- Salz
- 1 Glas Wein (muss aber nicht sein)
- pro Suppenteller ein ½ Toastbrot
- geriebener Käse
- 1 ½ l Wasser

Zwiebeln schälen und in Ringe schneiden.
In der heißen Butter andünsten und dann in der geschlossenen Pfanne 5 bis 10 Minuten garen.
Gelegentlich umrühren.
Wasser mit Instant-Gemüsebrühe aufkochen.
Zwiebeln dazugeben und 5 Minuten kochen.
Gegebenenfalls Wein dazugeben.
Mit reichlich Pfeffer abschmecken.
In Suppenschalen füllen.
Jeweils eine ½ getoastete Brotscheibe darauf legen.
Mit Käse bestreuen.
Kurz überbacken oder unter den Grill schieben.

Rote-Bohnen-Suppe

- 250 g Staudensellerie
- Distelöl
- 1 kleine Dose rote Bohnen
- 3–4 TL Instant-Gemüsebrühe
- 1 Knoblauchzehe
- 2–3 Salbeiblätter
- Salz
- Pfeffer
- Chilipulver
- geriebener Käse
- 1 l Wasser

Wasser mit Instant-Gemüsebrühe aufkochen.
Staudensellerie waschen, putzen und in kleine Scheiben schneiden.
Im Öl glasig dünsten, danach in die Gemüsebrühe geben.
Salbei hacken und zufügen.
Abgetropfte Bohnen und zerdrückten Knoblauch hinzufügen.
5 Minuten kochen.
Mit Salz, Pfeffer und Chili abschmecken.
Am Tisch streut jeder die Menge Käse über die Suppe, die er mag.

Eintopf mit grünen Bohnen

- 1 Dose Prinzessbohnen
- 1 kleine Dose Tomaten
- 4 Kartoffeln
- 1 kleine Zwiebel
- 2–3 Knoblauchzehen
- Öl
- 1–2 TL Instant-Gemüsebrühe
- Basilikum (frisch oder getrocknet)
- Bohnenkraut (frisch oder getrocknet)
- Pfeffer
- Salz
- $^{1}/_{2}$ l Wasser

Zwiebel und Knoblauch klein schneiden.
Im heißen Öl andünsten.
Klein geschnittene Kartoffeln kurz mitdünsten.
Mit Bohnen, Tomaten, Wasser und Instant-Gemüsebrühe auffüllen und kochen.
Kräftig mit Pfeffer würzen und abschmecken.
Zum Schluss Basilikum und Bohnenkraut unterrühren.

Das wird immer gegessen: Nudelgerichte

Nudeln sind aus der Familienküche nicht wegzudenken. Sie haben nämlich drei ganz entscheidende Vorteile: Erstens erfreuen sie sich bei Kindern einer großen Beliebtheit, zweitens sind sie einfach und schnell zuzubereiten, und drittens lassen sie sich gut lagern. Mit anderen Worten: Sie sind eine ideale Basis für viele Schnellgerichte. Allgemein gilt Italien als das Mutterland der Nudel. Tatsächlich haben aber die Teigwaren ihren Ursprung im asiatischen Raum. Aus China kamen sie auf den großen Handelswegen nach Europa.

Weil die Nudel – ähnlich wie die Kartoffel – über wenig Eigengeschmack verfügt, eignet sie sich ideal für die unterschiedlichsten Kombinationen mit Soßen, Gemüse, Fleisch, Fisch, auch süßem Obst oder schlicht Zucker und Zimt. Die Hersteller von Fertiggerichten gönnen der Nudel schon seit langem einen Platz ganz oben in ihrer Produktpalette. Als italienisches Wunder (Miracoli) sozusagen. Mittlerweile gibt es die Teigwaren in Minutenterrinen oder zusammengepresst in kleinen Packungen, angereichert mit verschiedenen Soßen oder Geschmacksrichtungen. Doch auch ganz schlichte Nudeln lassen sich mit einer eigenen Soße oder Gemüsekreation schnell in ein schmackhaftes Gericht verwandeln. Und sogar selbst gemachte Spätzle erfordern keinen allzu großen Zeitaufwand.

Beginnen wir doch ganz traditionell. Mit Nudeln und Tomatensoße. Eilige Familienväter und -mütter nehmen dazu Tomaten aus der Dose, die sich mit den entsprechenden Zutaten in eine leckere Soße verwandeln.

Nudeln mit Tomatensoße

- 500 g Spaghetti
- 2 kleine Dosen Pizzatomaten
- 1 Zwiebel
- 1 Knoblauchzehe
- etwas Tomatenmark
- Olivenöl
- Oregano
- Basilikum
- Salz
- Pfeffer
- Parmesan

Nudeln al dente kochen.

Währenddessen:
Die klein geschnittene Zwiebel im Öl andünsten.
Klein geschnittenen Knoblauch dazugeben.
Es folgen die Tomaten und Gewürze.
Anschließend das Tomatenmark.
Soße 5 bis 10 Minuten einkochen lassen,
dann durch ein Sieb passieren.
Dazu stellen Sie geriebenen Parmesan auf den Tisch.

Ein ausgesprochen praktisches und einfach zu bereitendes Gemüse: Zucchini. Diesen Gemüsekürbis findet man meist in der italienischen Gemüsesuppe – der Minestrone – oder im französischen Gemüsemix, dem Ratatouille. Zucchini kommen aber auch wunderbar in Kombination mit Nudeln zur Geltung.

Zucchini-Nudeln

- 500 g Spaghetti
- 1 großer oder 2 kleine Zucchini
- Olivenöl
- 2 TL Kapern
- 2 Knoblauchzehen
- Salz
- Pfeffer

Spaghetti al dente kochen.

Währenddessen:
Die Zucchini der Länge nach vierteln und in kleine Würfel schneiden.
Die Würfel in einer Pfanne mit heißem Olivenöl langsam bräunen.
In der Zwischenzeit Kapern und Knoblauch fein hacken und dazugeben.
Mit Salz und Pfeffer abschmecken.
Die Nudeln dazugeben und kurz mitbraten.
Nach Bedarf noch etwas Parmesan oder Pecorino darüber streuen.
Dazu passen gut: Tomatensalat oder Tomaten mit Mozzarella.

Variationen:
Statt 2 TL Kapern und 2 Knoblauchzehen können Sie auch mit Peperoni (frisch oder eingelegt) würzen. Vorsicht: Das kann ziemlich scharf werden!

Ein Gericht für 2, höchstens 3 Personen:

Lasagne vegetarisch

- 1 großer oder 2 kleine Zucchini
- 150 g Lasagne-Nudeln
- 1 Dose Pizzatomaten
- 1 – 2 Mozzarella-Käse
- Knoblauch
- Salz
- Pfeffer
- Oregano
- Basilikum
- etwas Käse zum Überbacken: Gouda, Greyerzer (je nach Geschmack oder Vorrat)
- etwas Butter

Zucchini in Scheiben schneiden und in heißem Fett etwa 3 Minuten bräunen.
Tomaten mit Gewürzen mischen und abschmecken.
Mozzarella-Käse in Scheiben schneiden.
In einer Auflaufform abwechselnd Nudeln, Tomaten, Zucchini und Mozzarella schichten.
Mit Käse bestreuen, Butter draufgeben und im vorgeheizten Backofen auf höchster Stufe 15 bis 20 Minuten überbacken.
Damit die oberste Schicht nicht zu trocken und somit ungenießbar wird, Form mit Alufolie oder Deckel abdecken.

Gemüse kommt in der deutschen Küche bevorzugt in Kombination mit Kartoffeln vor. Aber auch die Nudel gewinnt durch entsprechende Gemüsekomponenten, und wenn sich tiefgefrorenes Gemüse dazu gesellt, gelingt das Essen beinahe im Handumdrehen.

Nudel-Gemüse-Auflauf

- 400 g Farfalle oder Fussili, Penne oder eine ähnliche Nudelsorte
- 200 g Tiefkühl-Erbsen oder 1 kleine Dose Erbsen
- 4 Tomaten
- 3 Lauchzwiebeln
- 1–2 Mozzarella-Käse
- 250 g Schmand
- 1 kleine Dose Gemüsemais
- 1 EL Öl
- Salz
- Pfeffer
- Basilikum
- Petersilie

Die Nudeln al dente kochen.

Währenddessen:
Die Erbsen aufkochen (nur bei eingefrorenen Erbsen) und mit den Nudeln mischen.
Tomaten waschen und klein schneiden.
Lauchzwiebeln putzen und in Ringe schneiden. (Oder das gefrorene Gemüse aus dem Kühlschrank nehmen.)
Mozzarella in dünne Scheiben schneiden.
Gemüse, Schmand und Gewürze zur Nudelmischung geben.
In eine Auflaufform füllen und mit Mozzarella-Scheiben belegen.
Im heißen Backofen 5 bis 10 Minuten überbacken.
Damit die oberste Schicht nicht zu trocken und somit ungenießbar wird, Form mit Alufolie oder Deckel abdecken.

Nudel-Gemüse-Pfanne

- 400 g Nudeln
- 1 Stange Lauch
- 1 TL Instant-Gemüsesuppe
- 2–3 Tomaten
- gehackte Kräuter: Petersilie, Basilikum, Majoran (frisch oder getrocknet)
- etwas geriebener Käse
- Butter
- Öl
- Salz
- Pfeffer
- $^1/_4$ l Wasser

Nudeln al dente kochen.

Währenddessen:
Lauch putzen, gründlich waschen und in dünne Streifen schneiden.
(Oder das gefrorene Gemüse aus dem Kühlschrank nehmen.)
Tomaten waschen und in kleine Stücke schneiden.
Den Lauch in Butter und Öl anschwitzen, mit Wasser ablöschen, Instant-Gemüsebrühe unterrühren und etwa 5 Minuten köcheln.
Tomaten zugeben.
Salz, Pfeffer und Kräuter unterrühren.
Nudeln dazugeben.
Mit geriebenem Käse auf den Tisch stellen.

Brokkoli-Nudeln mit Currysoße

- 250 g Penne, Rigatoni oder eine ähnliche Nudelsorte
- 200 g Brokkoli (aus dem Frost)
- 1/8 l Milch oder Sahne
- 1 TL Curry
- Salz
- Soßenbinder
- Zitronensaft
- Honig oder Zucker
- etwas in Streifen geschnittener Kochschinken

Nudeln al dente kochen.

Währenddessen:
Brokkoli in Salzwasser etwa 5 Minuten garen.
Brokkoli-Wasser aufheben. Einen Liter davon mit Milch (oder Sahne) verrühren.
Aufkochen lassen und mit Soßenbinder abbinden.
Mit Curry, Zitronensaft, Salz und Honig oder Zucker abschmecken.
Brokkoli in die Soße geben.
Nudeln und Soße getrennt oder miteinander auf den Tisch stellen.
Wer mag, kann geschnittenen Schinken darüber streuen.

Ein Gericht für die Kleinfamilie, also für 3 Personen:

Überbackene Paprika-Spaghetti

- 250 g feine Spaghetti oder Cappellini
- je 1 rote, gelbe und grüne Paprikaschote
- 1–2 Mozzarella-Käse
- ½ unbehandelte Zitrone
- 1 Knoblauchzehe
- Thymian (frisch oder getrocknet)
- Olivenöl
- Salz
- Pfeffer

Nudeln al dente kochen.

Währenddessen:
Paprikaschoten waschen, putzen und in Stücke schneiden.
Im heißen Öl etwa 5 Minuten braun braten.
Zerdrückten oder klein geschnittenen Knoblauch zugeben.
Mit Salz, Pfeffer und abgeriebener Zitronenschale kräftig würzen.

Die abgetropften Nudeln zu den Paprikaschoten geben und mischen.
Alles in eine Auflaufform füllen.
Mozzarella-Käse in Scheiben schneiden und auf den Paprika-Nudeln verteilen.
Thymian darauf streuen und mit etwas Öl beträufeln.
Etwa 8 bis 10 Minuten im Backofen bei 220 Grad überbacken.
Damit die oberste Schicht nicht zu trocken und somit ungenießbar wird, Form mit Alufolie oder Deckel abdecken.

Nudel-Lauch-Auflauf

- 500 g gekochte Nudeln
- 4 mittelgroße Stangen Lauch (frisch oder bereits fertig geschnitten und eingefroren)
- 1 EL Tomatenmark
- 1 Knoblauchzehe
- 1 TL Instant-Gemüsebrühe
- Salz
- Pfeffer
- Öl
- etwas geriebener Käse
- 1/4 l Wasser

Lauch waschen, putzen und in dünne Scheiben schneiden.
Im Öl anbraten und nach Zugabe von Wasser und Instant-Gemüsebrühe etwa 5 Minuten dünsten.
Nudeln mit Tomatenmark, Knoblauch, Salz und Pfeffer mischen.
In eine Auflaufform abwechselnd Nudeln und Gemüse schichten.
Als oberste Schicht Nudeln, darauf den geriebenen Käse streuen.
Im vorgeheizten Backofen bei 200 Grad etwa 25 Minuten backen.
Damit die oberste Schicht nicht zu trocken und somit ungenießbar wird, Form mit Alufolie oder Deckel abdecken.

Wer mag, kann auch noch eine Schicht Schinken einfügen.

In unserem letzten Campingurlaub überraschten uns unsere Tochter und ihre Freundinnen mit diesem Spezialgericht:

Nudeln mit Spinat

- 500 g Farfalle (Schmetterlingsnudeln)
- 1 Packung Tiefkühlspinat
- geriebener Käse
- 1 kleine Zwiebel
- Salz
- Pfeffer
- Muskat
- Feta-Käse

Die Nudeln al dente kochen.

Währenddessen:
Klein geschnittene Zwiebel andünsten.
Spinat zugeben.
Mit Salz, Pfeffer und Muskat würzen.
2 EL geriebenen Käse (unterschiedliche Sorten) in den aufgetauten Spinat rühren und aufkochen lassen.

Auf den einzelnen Tellern anrichten: Nudeln, Spinat und einige Scheiben Feta-Käse.

Pilze sind die ideale Basis für fleischlose Soßen und bei richtiger Zubereitung genauso würzig wie zum Beispiel eine Gulaschsoße.

Nudeln mit Pilzsoße I

- 400 g Farfalle oder ähnliche Nudeln
- 2 Hand voll Champignons (aus dem Frost)
- 2 Lauchzwiebeln
- 1 Knoblauchzehe
- 250 g Sahne
- 250 g Crème fraîche oder Schmand
- 1 EL gehackte Kräuter: Petersilie, Schnittlauch, Thymian (frisch, getrocknet oder tiefgefroren)
- Salz
- Pfeffer
- Paprikapulver
- Öl

Nudeln al dente kochen.

Währenddessen:
Lauchzwiebeln waschen, putzen und in dünne Ringe schneiden.
Im heißen Fett kurz andünsten.
Pilze dazugeben.
Mit zerdrücktem Knoblauch, Salz, Pfeffer und Paprika würzen.
Etwa 5 Minuten unter Rühren garen.
Sahne, Crème fraîche und Kräuter dazugeben und die Soße etwas einkochen lassen.

Das Ganze abschmecken.
Nudeln und Soße mischen oder getrennt auf den Tisch stellen.

Nudeln mit Pilzsoße II

- 400 g Spaghetti
- 2 Hand voll Champignons (aus dem Frost)
- 1 kleine Zwiebel
- 1 TL Instant-Gemüsebrühe
- 125 g Sahne
- Butter
- Salz
- Pfeffer
- Speisestärke
- Schnittlauch
  (frisch, getrocknet oder tiefgefroren)
- 200 ml Wasser

Nudeln al dente kochen.

Währenddessen:
Klein geschnittene Zwiebel in der Butter andünsten.
Pilze dazugeben und etwa 5 Minuten mitdünsten (umrühren).
Mit Salz und Pfeffer würzen.
Mit Wasser und Instant-Gemüsebrühe ablöschen.
Sahne dazugeben.
Etwas einkochen und mit Speisestärke (Soßenbinder) abbinden.
Mit Schnittlauch bestreuen.
Nudeln und Soße können getrennt oder bereits gemischt
auf den Tisch gestellt werden.

Was wären Nudeln ohne Pesto? Fertiges Pesto gibt es im Handel. Aber es lohnt sich auch, Pesto selbst herzustellen, weil es sich etliche Wochen im Kühlschrank hält. Doch Vorsicht: Nicht alle Kinder mögen den etwas ungewohnten Geschmack.

Pesto

- 3 Bund Basilikum
- Salz
- 100 g Pinienkerne
- 100 g Parmesan-Käse
- 2 Knoblauchzehen
- 250 ml Olivenöl

Basilikumblätter waschen, trocken tupfen und mit etwa 1/4 TL Salz im Mixer oder mit dem Zauberstab zerkleinern.
Abgezogene und klein geschnittene Knoblauchzehen, Pinienkerne und geriebenen Parmesan-Käse zugeben.
Das Öl langsam in den laufenden Mixer gießen und so lange schlagen, bis sich alles gut verbunden hat.

Pesto hält sich im verschlossenen Glas im Kühlschrank etwa 8 Wochen.

Nudeln und Käse: eine ideale Verbindung. Und eine schnelle obendrein. Übrigens, auch aus verschiedenen Käseresten lässt sich eine schmackhafte Käsesoße «zaubern». Mehr dazu unter dem Stichwort «Spezialitäten aus der Resteküche» ab Seite 175.

Bandnudeln mit Gorgonzolasoße

- 400 g Tagliatelle oder andere Bandnudeln
- 1 kleine Zwiebel
- 250 ml Milch
- 200 g Sahne
- 150 g Gorgonzola
- 1 EL Mehl
- Salz
- Pfeffer
- Zitronensaft
- Butter

Nudeln al dente kochen.

Währenddessen:
Zwiebel fein würfeln und im heißen Fett andünsten.
Mehl zufügen und anschwitzen.
Mit Milch und Sahne unter Rühren ablöschen und etwas köcheln.
Zerbröckelten Gorgonzola in der Soße schmelzen lassen.
Mit Salz, Pfeffer und Zitronensaft abschmecken.
Gemischt oder einzeln auf den Tisch stellen.

Nudeln mit Gorgonzolasoße

- 400 g Spaghetti oder Tagliatelle
- 200 g Sahne
- 250 ml Milch
- 200 g Gorgonzola
- Salbei (frisch oder getrocknet)
- Kräutersalz
- Pfeffer

Nudeln al dente kochen.

Währenddessen:
Gorgonzola zerbröckeln und mit Milch, Sahne und den fein geschnittenen Salbeiblättern unter ständigem Rühren schmelzen.
Würzen und abschmecken.
Gemischt oder einzeln auf den Tisch stellen.

Natürlich können Sie Spätzle, wie alle Nudeln, fertig kaufen. Aber viel schneller als andere Nudelsorten lassen sich Spätzle selbst herstellen. Die nötigen Zutaten sind meist im Haus. Und selbst gemachte Spätzle schmecken einfach Spitze. Bei unseren Kindern gehören sie eindeutig zu den Favoriten.

Spätzle

- 500 g Mehl
- 3–4 Eier
- 250 ml Wasser
- Salz

Mehl mit dem Wasser anrühren.
Eier und Salz dazugeben.
Alles mit einem großen Kochlöffel so rühren,
dass der Teig möglichst luftig wird.
Den Teig messerrückendick auf ein Brettchen streichen und
in kleinen Stückchen mit dem Messer oder dem Teigschaber
in kochendes Salzwasser schaben.
Spätzle herausnehmen, sobald sie an der Oberfläche des Wassers
auftauchen.
Kurz mit kaltem Wasser abschrecken.

Käse-Spätzle

- Grundrezept Spätzle
- 2–3 Zwiebeln
- geriebener Käse
- Butter

Zwiebeln schälen und in dünne Ringe schneiden.
In der heißen Butter etwa 10 Minuten dünsten.

Währenddessen Spätzle zubereiten.
Die fertigen Spätzle in eine Auflaufform geben, darauf die Zwiebeln, den geriebenen Käse und etwas Butter geben.
Möglichst abgedeckt im Backofen kurz überbacken, bis der Käse hellbraun ist.

Natürlich eignen sich Nudeln auch zur Zweitverwertung. Zum Beispiel für einen Nudelsalat.

Nudelsalat

- 250 g gekochte Nudeln
- 1 rote Paprikaschote
- 2 Tomaten
- 2–3 hart gekochte Eier
- 200 g Sahne
- 2 EL Essig
- Salz
- Pfeffer

Paprikaschote und Tomaten waschen und klein schneiden.
Eier schälen und klein schneiden.
Sahne mit Essig, Salz und Pfeffer im Schüttelbecher mixen.
Nudeln mit all diesen Zutaten mischen.

Wer mag, kann diesen vegetarischen Salat mit Thunfisch oder gekochtem Schinken in einen Salat für «Allesesser» abwandeln.

Milchnudeln (siehe «Dessert und Kuchen», ab Seite 157).

Besonders wandlungsfähig: die Kartoffel

In Streifen geschnitten, frittiert, knusprig, heiß und möglichst salzig: So mögen Kinder Kartoffeln am liebsten. Aber aus der braunen Knolle, die seit 500 Jahren die europäische Speisekarte bereichert, lässt sich weitaus mehr machen als lediglich Pommes frites. Sie ist auch keineswegs nur eine Beilage, sondern taugt vielfach als komplettes Gericht. Besonders praktisch für Köchinnen und Köche mit wenig Zeit: fertig gekochte Pellkartoffeln. Sie dienen als Basis für viele weitere Gerichte – vom Kartoffelsalat bis zum Auflauf.

Kartoffelsalat hat nicht unbedingt den besten Ruf. Die bekannte Variante – gemischt mit viel Mayonnaise, Salz und Pfeffer – ist ja auch weder lecker noch gesund. Aber es gibt durchaus andere, lohnende Rezepte.

Würziger Kartoffelsalat

- 750 g Pellkartoffeln
- 1 Zwiebel
- 1 Dose Prinzessbohnen
- 200 g Käse (Gouda, Bergbauernkäse o. Ä.)
- 1 TL Instant-Gemüsebrühe
- 8 EL Öl
- 6 EL Essig
- Salz
- Pfeffer
- $^1/_4$ l kochendes Wasser

Kartoffeln schälen, in Scheiben schneiden,
Wasser mit der Instant-Gemüsebrühe mischen und übergießen.
Bohnen abtropfen lassen.
Aus Öl, Essig, Salz und Pfeffer eine Marinade rühren.
Kartoffeln abgießen.
Mit Bohnen, gewürfeltem Käse, gewürfelter Zwiebel und Marinade mischen.
Nach 5 Minuten abschmecken.

Kartoffelsalat Irene

- 750 g Pellkartoffeln
- 3 hart gekochte Eier
- 4–5 Cornichons
- 1 Zwiebel
- 1 TL Instant-Gemüsebrühe
- 200 g Sahne
- 4 EL Essig
- Salz
- Pfeffer
- $^1/_4$ l kochendes Wasser

Kartoffeln schälen, in Scheiben schneiden, Wasser mit der Instant-Gemüsebrühe mischen und übergießen.
Eier, Zwiebel und Cornichons klein schneiden.
Aus Sahne, Essig, Salz und Pfeffer eine Marinade mischen.
Kartoffeln abgießen.
Alle Zutaten verrühren.
Nach 5 Minuten nochmal abschmecken.

Kartoffel-Gemüse-Salat

- 750 g Pellkartoffeln
- 1 Dose Erbsen
- 500 ml heiße Instant-Gemüsebrühe
- 150 g Vollmilchjoghurt
- 200 g Schmand
- Öl
- 3–4 EL Essig
- Salz
- Pfeffer
- Petersilie (frisch oder getrocknet)

Kartoffeln schälen, in Scheiben schneiden und mit der heißen Gemüsebrühe übergießen.

Aus Öl, Essig, Schmand, Joghurt, Salz und Pfeffer eine Marinade rühren.

Alle Zutaten mischen.

Salat mit Petersilie bestreuen.

Nicht nur in Topf und Pfanne wird die Kartoffel gar, sondern auch im Backofen. Sie machen nicht viel Arbeit und sind bei den meisten Kindern beliebt: Backkartoffeln, die sich mit unterschiedlichen Gewürzen und Soßen variieren lassen.

Backofenkartoffeln

- 2 Kartoffeln pro Person
- Olivenöl
- Salz
- Pfeffer
- Kümmel

Kartoffeln gründlich säubern und in Hälften schneiden.
Diese Hälften mit der flachen Seite nach oben
auf ein mit Backpapier ausgelegtes Backblech legen.
Das Olivenöl mit einem Pinsel gleichmäßig auf die Kartoffeln streichen.
Nach Geschmack die Kartoffeln mit den Gewürzen bestreuen.
Etwa 15 bis 20 Minuten bei 200 Grad backen.

Backkartoffeln mit Käse

- 8 mittelgroße Pellkartoffeln
- Raclette-Käse (kann auch Gouda oder Ähnliches sein)
- Salz
- Pfeffer

Kartoffeln schälen und in circa 1 cm dicke Scheiben schneiden.
Nebeneinander in eine große Auflaufform oder
auf ein Backblech legen.
Salzen, pfeffern und mit dünnen Käsescheiben bedecken.
Etwa 5 Minuten im Backofen überbacken.

Mit Backkartoffeln lassen sich die verschiedenen Dips kombinieren. Hier ein paar Vorschläge mit unterschiedlichen Geschmacksrichtungen.

Kräuterdip mit Meerrettich

- 300 g Vollmilchjoghurt
- 1 EL Sahne
- Schnittlauch (frisch oder gefroren)
- Kresse
- 3 EL Sahnemeerrettich
- Salz
- Pfeffer
- etwas Zitronensaft

Alle Zutaten zu einem cremigen Dip rühren.

Knoblauch-Kräuter-Joghurt

- 300 g Vollmilchjoghurt
- etwas Zitronensaft
- etwas Senf
- 1–2 durchgepresste Knoblauchzehen
- Zucker
- Salz
- Pfeffer
- 1 Bund gemischte, gehackte Kräuter (frisch oder aus dem Frost)

Alle Zutaten miteinander verrühren.

Nimmt man statt Joghurt Quark und etwas Milch, wird der Dip fester und ist sättigender.

Süßsaurer Dip

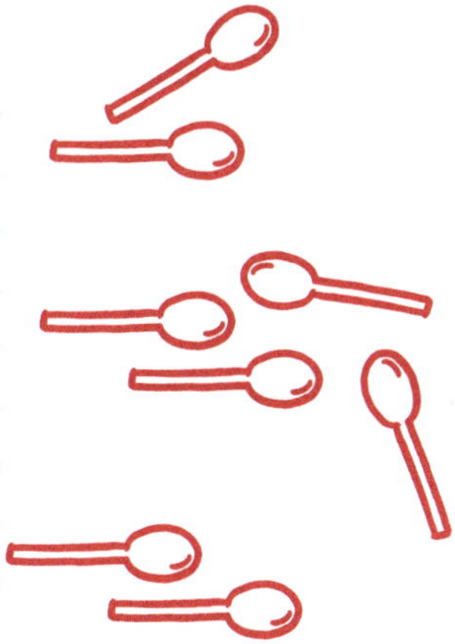

- 2 EL Tomatenketchup
- 150 g Vollmilchjoghurt
- 200 g Schmand
- 2 EL mittelscharfer Senf
- 2 EL Johannisbeergelee
- Pfeffer (frisch gemahlen)
- Zucker
- 1 gestr. EL Curry
- 1 gestr. EL Paprikapulver

Alle Zutaten mischen.

Aus Pellkartoffeln kann man im Nu krosse Bratkartoffeln herstellen. Angereichert mit einigen anderen Zutaten werden sie zu einer kompletten Mahlzeit.

Tiroler Bratkartoffeln

- 750 g Pellkartoffeln
- 1 Dose Erbsen
- 1 Zwiebel
- Salz
- Pfeffer
- Kräuter nach Geschmack und Vorrat
- Speck (kann auch weggelassen werden)
- Butter

Kartoffeln schälen und in kleine Stücke schneiden.
Die geschnittene Zwiebel (und den geschnittenen Speck) in Butter anbraten.
Kartoffeln hinzufügen und würzen.
Die Erbsen dazugeben.
Nach 2 Minuten die Kräuter untermischen.

Dazu passen Rührei oder Spiegelei. Wenn Sie ein bisschen Zeit haben, können Sie natürlich auch rohe Kartoffeln nehmen, die bekommen durch das längere Braten einen kräftigeren Geschmack.

Hessisches Bauernfrühstück

- 500 g Pellkartoffeln
- 4 Eier
- 150 g Schinkenspeck
  (kann auch weggelassen werden)
- Salz
- Pfeffer
- Schnittlauch

Eier mit dem Schneebesen schlagen.
Kartoffeln schälen und in kleine Stücke schneiden.
Schinkenspeck in kleine Würfel schneiden
und mit der Zwiebel in einer Pfanne anbraten.
Kartoffeln dazugeben und bräunen.
Zum Schluss die mit Salz und Pfeffer gewürzten, geschlagenen Eier darüber gießen.

Dazu: Apfelbrei aus dem Glas.

Die Schweizer Variante der Bratkartoffel:

Rösti

- 5 dicke Kartoffeln
- 1 Ei
- 1 TL Salz
- Butter

Kartoffeln schälen und grob reiben.
Mit Ei und Salz verrühren.
In einer großen Pfanne Butter erhitzen und die Hälfte der Kartoffelmasse rasch braten, einmal umrühren.
Mit der zweiten Portion genauso verfahren.

Westernkartoffeln

- 8 – 10 mittelgroße Pellkartoffeln
- Butter
- Pfeffer
- Salz
- Paprika, scharf und edelsüß
- Cayennepfeffer
- Curry

Kartoffeln schälen (junge Kartoffeln können auch mit Schale weiterverarbeitet werden) und vierteln.
Reichlich Butter in eine große Pfanne geben, die Kartoffeln hinzufügen und kräftig würzen.
So lange braten, bis die Kartoffeln kross und von einem Gewürzmantel umgeben sind.

Hierzu passt ein frischer Salat aus Gurken oder Tomaten.

Bratkartoffeln einmal etwas anders:

Kümmelkartoffeln

- 8 Pellkartoffeln
- 3 EL Kümmel
- Öl

Die Kartoffeln schälen, halbieren und rundherum mit Kümmel bestreuen.
Langsam im Öl bräunen.

Dazu schmecken die verschiedenen Dips, die wir bei den Backkartoffeln vorgestellt haben.

Kartoffelpuffer sind nicht unbedingt für die schnelle Küche geeignet. Schafft man es aber, den Teig bereits vorher (zum Beispiel am Morgen) fertig zu stellen, können die Puffer relativ fix gebraten werden. Zwar wird der Teig während der Aufbewahrung etwas unansehnlich, das hat aber auf Qualität und Geschmack des fertigen Produkts keinen Einfluss.

Ein kleiner Nachteil: Sie müssen während der Backprozedur am Herd stehen bleiben und können kaum anderes zur selben Zeit erledigen.

Kartoffelpfannkuchen

- 1–1,5 kg Kartoffeln
- 1–2 EL Mehl
- 3–4 Eier
- 1 Zwiebel
- 100 ml Milch
- 1 TL Salz
- Fett zum Ausbacken (z. B. Distelöl, Butter)

Kartoffeln und Zwiebel mit der Küchenmaschine reiben.
Die restlichen Zutaten unter die Kartoffelmasse geben.
In heißem Fett kleine Pfannkuchen backen.
(Schneller geht es, wenn man zwei Pfannen nimmt.)

Ob als Auflauf oder in der Pfanne: zusammen mit Gemüse, Käse oder Kräutern wird aus der schlichten Kartoffel eine schmackhafte und gesunde Mahlzeit.

Kartoffel-Pilz-Auflauf

- 500 g Pellkartoffeln
- 500 g Champignons (aus dem Frost)
- 4–5 Tomaten
- 1 TL Instant-Gemüsebrühe
- 200 g Sahne
- 1 Mozzarella-Käse
- Saft von 1 Zitrone
- Basilikum
- Oregano
- Salz
- Pfeffer
- Butter
- $^1/_8$ l Wasser

Kartoffeln schälen und in Würfel schneiden.
Pilze etwa 5 Minuten in Butter dünsten, salzen und pfeffern.
Kartoffeln mit den Pilzen und den klein geschnittenen Tomaten mischen.
Sahne mit Wasser und Instant-Gemüsebrühe verrühren, mit Salz, Pfeffer, Zitronensaft, Oregano und Basilikum kräftig würzen.
In eine ausgefettete Auflaufform geben und mit dem in Scheiben geschnittenen Mozzarella-Käse belegen.
Backofen auf 180–200 Grad vorheizen und den Auflauf 15 bis 20 Minuten darin garen.
Damit die oberste Schicht nicht zu trocken und somit ungenießbar wird, Form mit Alufolie oder Deckel abdecken.

Kartoffel-Zucchini-Pfanne

- 750 g Pellkartoffeln
- 1 Zwiebel
- 2 EL Olivenöl
- Salz
- Pfeffer
- 1 großer oder 2 kleine Zucchini, in Scheiben geschnitten
- Rosmarin
- 20 g Butter
- 4 Tomaten
- geriebener Käse
- 4 Eier

Kartoffeln schälen, in Scheiben schneiden und zusammen mit der fein gehackten Zwiebel im Olivenöl knusprig braten. Salzen und pfeffern. Die Zucchini beigeben und zugedeckt 10 Minuten mitdämpfen. Klein geschnittene Tomaten, Eier, Rosmarin und Käse zugeben und zugedeckt dämpfen, bis die Eimasse geschmolzen ist (etwa 5 Minuten).

Kräuter-Käse-Kartoffeln

- 750 g Pellkartoffeln
- Schnittlauch und Petersilie (frisch oder aus dem Frost)
- Butter (für die Form)
- Kräutersalz
- Pfeffer
- 4 EL Schmand

Kartoffeln schälen und vierteln.
In eine gebutterte Auflaufform legen.
Salzen und pfeffern.
Kräuter, Schmand und geriebenen Käse darüber verteilen.
Etwa 10 Minuten bei 200 Grad im Backofen überbacken.

Kartoffelplätzchen (siehe «Resteküche», ab Seite 175).

Karotten & Co. – Gemüsegerichte

5-a-day – wir wissen es: Fünfmal am Tag Obst und Gemüse sollten es möglichst sein. Und das dann auch noch mit wenig Aufwand und trotzdem lecker. Dabei weiß doch jeder und jede, dass die Zubereitung von frischem Gemüse Arbeit macht und Zeit kostet. Ein Schnitzel oder Kotelett sind schnell mal gebraten, ebenso ein Spiegelei, aber bis aus einem Blumenkohl ein leckeres Gemüsegericht wird, das dauert schon. Hat man sich schließlich doch die Mühe gemacht, trifft man bei Tisch womöglich noch auf echte Gemüseverweigerer. Vielleicht kann man die mit einem abwechslungsreichen Gemüsespeiseplan locken. Wenn die Zubereitung dann auch noch schnell geht, ist doch alles in Ordnung, oder? Außerdem lässt sich bequem und ohne schlechtes Gewissen auf eingefrorenes Gemüse zurückgreifen. Denn dagegen ist nichts einzuwenden, sofern es nicht industriell weiterverarbeitet wurde. Und im Handumdrehen sind Spinat, Brokkoli und Co. fertig.

Beim Wort Spinat kommen manchem von uns unangenehme Kindheitserinnerungen, weil dieses Gemüse zum Pflichtessen gehörte. Andere hingegen haben kein gestörtes Verhältnis dazu – sie essen es einfach gern. Sei es ganz traditionell zu Salzkartoffeln und Spiegelei, als Belag auf der Pizza, überbacken oder sogar in Kombination mit anderem Gemüse. Bei uns zählt Spinat zu den wenigen Gemüsesorten, die von keinem Familienmitglied mit dem Ausruf «mag ich nicht» bedacht werden. Frisch zubereitet kostet der Spinat Zeit und Mühe. Aber als tiefgefrorenes Gemüse – gehackt oder in Blättern – eignet er sich wunderbar für die schnelle Familienküche.

Spinat überbacken

- 400–500 g Blattspinat (tiefgefroren)
- 100 g Feta- oder Schafskäse
- geriebener Käse
- 200 g Schmand oder Crème fraîche
- Pfeffer
- Salz
- Knoblauch

Spinat auftauen (geht auch in der Mikrowelle) und aufkochen.
Dann in eine Auflaufform geben.
Schmand oder Crème fraîche mit geriebenem Käse, Knoblauch, Salz und Pfeffer mischen.
Mischung über den Spinat gießen.
Feta- oder Schafskäse darauf verteilen.
5 bis 10 Minuten bei 200 Grad im Backofen überbacken.

Spinat-Auflauf

- 500 g Pellkartoffeln
- 500 g Blattspinat (tiefgefroren)
- 1 Zwiebel
- 1 Knoblauchzehe
- 200 g gekochter Schinken (kann auch weggelassen werden)
- 200 g Schmand oder Vollmilchjoghurt mit etwas Sahne
- 3–4 Eier
- geriebener Käse
- Butter
- Salz
- Pfeffer
- Muskat

Pellkartoffeln schälen und in Scheiben schneiden.
Zwiebel im heißen Fett andünsten.
Erst den gehackten Knoblauch, dann den Spinat zufügen.
Auftauen lassen und aufkochen, dann würzen.
Kartoffeln, Spinat und Schinkenstreifen in eine gefettete, feuerfeste Form schichten.

Schmand (oder Vollmilchjoghurt mit Sahne) mit den Eiern verquirlen und würzen.
Eier-Sahne-Mischung über das Gemüse gießen.
Mit Käse bestreuen.
15 bis 20 Minuten bei 220 Grad überbacken.
Damit die oberste Schicht nicht zu trocken und somit ungenießbar wird, Form mit Alufolie oder Deckel abdecken.

Blumenkohl verbreitet während des Kochens leider einen unangenehmen Geruch. Diese lästige Begleiterscheinung wird aber wieder aufgehoben durch die Vielseitigkeit dieses Gemüses. Allseits bekannt ist der Blumenkohl mit holländischer Soße. Mindestens ebenso lecker ist er als Auflauf. Der Vorteil: Während er im Backofen zu seiner Hochform aufläuft, bleibt Ihnen Zeit für anderes.

Blumenkohl-Spinat-Auflauf

- 1 Blumenkohl
  (oder 500 g tiefgefrorener Blumenkohl)
- 500 g Blattspinat (tiefgefroren)
- Salzwasser
- 1 TL Instant-Gemüsebrühe
- 150 g Sahne
- 200 g geriebener Käse
- Pfeffer
- Salz
- etwas Zitronensaft
- 2 Eier
- $^1/_4$ l Wasser

Blumenkohl waschen, zerteilen und
in kochendem Wasser circa 5 Minuten garen.
Spinat im Topf auftauen und ebenfalls kurz garen.
Aus Sahne, Wasser, Instant-Gemüsebrühe, Käse (etwas zum Überbacken übrig lassen), Zitrone und Gewürzen eine Soße mischen.
Spinat in eine Auflaufform geben.
Darauf den Blumenkohl verteilen.
Die Soße darüber gießen.
Restlichen Käse darüber streuen.
20 bis 25 Minuten bei 220 Grad
überbacken.

Blumenkohl mit Tomatensoße

- 1 Blumenkohl
  (oder ca. 500 g Blumenkohl aus dem Frost)
- 1 Zwiebel
- 1 Dose Pizzatomaten
- 2 EL Tomatenmark
- 150 g Crème fraîche
- Butter
- Salz
- Pfeffer
- Muskat
- Oregano
- geriebener Käse

Blumenkohl waschen, zerteilen und in kochendem Salzwasser 15 Minuten garen.
Klein geschnittene Zwiebel in Butter glasig dünsten.
Pizzatomaten und Tomatenmark zugeben und 5 Minuten leicht kochen lassen.
Würzen und Crème fraîche unterrühren.
Abgetropften Blumenkohl in eine Auflaufform geben.
Soße darüber gießen.
Mit geriebenem Käse bestreuen.
Etwa 10 Minuten bei 220 Grad überbacken.

Karotten müssen nicht immer in Begleitung von Erbsen daherkommen. Sie haben nämlich genug «Profil», um allein bestehen zu können. In Kombination mit Honig und Zimt finden sie auch bei Gemüsemuffeln hin und wieder Fans.

Karotten

- 500 g Karotten
- etwas Butter
- 1 EL Honig
- etwas Zimt

Karotten waschen, putzen und der Länge nach halbieren.
In etwas Salzwasser circa 10 Minuten dünsten.
Butter in einer Pfanne schmelzen.
Honig dazugeben.
Abgetropfte Karotten darin wenden.
Mit etwas Zimt würzen.

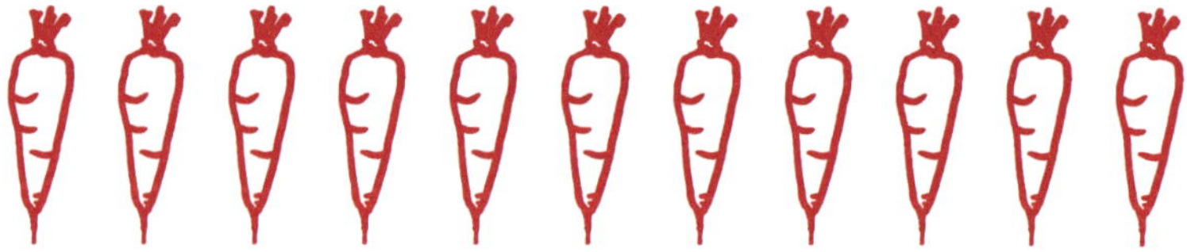

Brokkoli – ein ideales Gemüse für den Auflauf. Besonders dann, wenn er vorbereitet aus dem Frost kommt.

Brokkoli-Auflauf

- 500 g Brokkoli (aus dem Frost)
- 2 Eier
- 100 g Schmand
- 100 g Sahne
- geriebener Käse
- Muskat
- Salz
- Pfeffer

Brokkoli in kochendes Salzwasser geben und etwa 8 Minuten garen.
Schmand, Sahne, Eier mit einer Tasse Brokkoli-Brühe mischen, würzen und die Hälfte des geriebenen Käses hinzufügen.
Gemüse in eine Auflaufform geben.
Soße darüber gießen.
Mit dem restlichen Käse bestreuen.
Etwa 10 Minuten bei 220 Grad überbacken.

Tipp:
Brokkoli lässt sich auch durch Blumenkohl ersetzen.

Brokkoli-Kartoffel-Auflauf

- 500 g Pellkartoffeln
- 500 g Brokkoli (aus dem Frost)
- 2 Zwiebeln
- 1 TL Instant-Gemüsebrühe
- geriebener Käse
- 4 Eier
- 125 ml Milch
- Salz
- Pfeffer
- Muskat
- Butter
- $^1/_4$ l Wasser

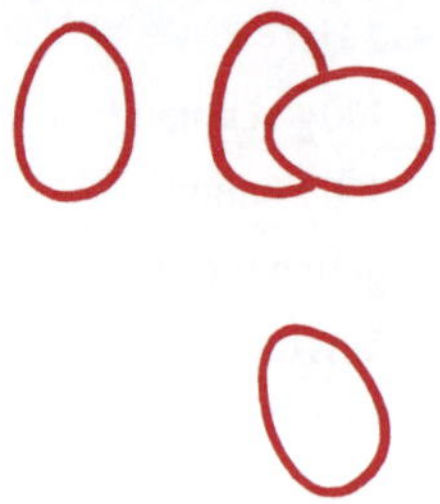

Die klein geschnittenen Zwiebeln in der Butter glasig dünsten.
Wasser und Instant-Gemüsebrühe dazugießen und aufkochen.
Den Brokkoli darin 5 Minuten garen.
Währenddessen die Kartoffeln schälen und in Scheiben schneiden.
In eine Auflaufform abwechselnd Kartoffeln, abgetropften Brokkoli und etwas Käse schichten.
Eier, Milch und eine Tasse Brokkolibrühe verquirlen, kräftig würzen.
Soße über Kartoffel-Brokkoli-Mischung gießen.
Den restlichen geriebenen Käse darüber verteilen.
Etwa 20 Minuten bei 200 Grad überbacken.

Ein ganz schneller Gemüsemix mit Zutaten aus der Dose, der Farbe auf den Tisch bringt.

Bohnen-Tomaten-Gemüse

- 1 Dose Prinzessbohnen
- 1 Dose Pizzatomaten
- 1 Zwiebel
- 2 Knoblauchzehen
- 1 TL Instant-Gemüsebrühe
- Salz
- Pfeffer
- Öl
- 200 ml Wasser

Klein geschnittene Zwiebel glasig dünsten.
Klein geschnittenen Knoblauch dazugeben.
Dann die Bohnen untermischen und kurz mitdünsten.
Die Tomaten untermischen.
Wasser und Instant-Gemüsebrühe hinzufügen
und etwas einkochen lassen.
Mit Salz und Pfeffer abschmecken.

Chicorée ist ein «pflegeleichtes» Gemüse. Es ist das ganze Jahr über im Angebot, lässt sich einige Tage lagern, ist leicht zu verarbeiten und trifft – dank seines milden Geschmacks – selten auf Gemüseverweigerer.

Chicorée

- 750 g Chicorée
- 75 ml Milch
- 1/2 TL Instant-Gemüsebrühe
- Butter
- Salz
- Pfeffer
- etwas Zitronensaft
- 100 ml Wasser

Chicorée waschen, halbieren und den Strunk (der ist bitter) entfernen.
Butter erhitzen und Chicorée dazugeben.
Mit Milch, Wasser und Instant-Gemüsebrühe auffüllen.
Etwa 20 Minuten dünsten.
Mit Salz, Pfeffer und etwas Zitronensaft würzen.

Chicorée-Auflauf

- 4 mittelgroße Chicorée
- 8 Scheiben gekochter Schinken
- 3 Eier
- 250 ml Milch oder Sahne oder eine Mischung aus beidem
- geriebener Käse
- Salz
- Pfeffer
- Butter

Chicorée waschen, halbieren und den bitteren Strunk entfernen.
In Salzwasser etwa 10 Minuten kochen.
Die abgetropften Chicoréehälften jeweils in eine Schinkenscheibe einrollen.
In eine Auflaufform legen.
Eier, Milch, Käse und Gewürze gut vermischen.
Über den Chicorée gießen.
Etwas Käse darüber streuen.
15 Minuten im Ofen bei 220 Grad überbacken.

Mischungen aus verschiedenen Gemüsesorten sind die idealen Beilagen für Pfannkuchen, Kartoffelbrei und Reis.

Gemüse-Chili

- je eine rote, gelbe und grüne Paprikaschote (oder die entsprechende Menge aus dem Frost)
- 1 Bund Frühlingszwiebeln
- 1 Dose Kidneybohnen
- 1 TL Instant-Gemüsebrühe
- 1 Knoblauchzehe
- Chilipulver oder 1 getrocknete Peperoni
- Olivenöl
- Salz
- Pfeffer
- $^1/_4$ l Wasser

Paprika waschen, putzen und klein schneiden.
Frühlingszwiebeln waschen, putzen und in dünne Scheiben schneiden.
Paprikastücke und Zwiebelscheiben in heißem Olivenöl andünsten.
Klein geschnittenen Knoblauch unterrühren.
Wasser und Instant-Gemüsebrühe dazugeben und das Gemüse etwa 5 Minuten garen.
Abgetropfte Bohnen und die restlichen Gewürze zugeben.
Weitere 5 Minuten kochen lassen und abschmecken.

Ratatouille

- je eine rote, gelbe und grüne Paprikaschote (oder die entsprechende Menge aus dem Frost)
- 1–2 Zucchini
- 1 Zwiebel
- eine Hand voll Champignons (aus dem Frost)
- 3–4 Tomaten oder eine Dose Pizzatomaten
- 2 Knoblauchzehen
- 1 TL Instant-Gemüsebrühe
- Olivenöl
- Salz
- Pfeffer
- 1 getrocknete Peperoni oder etwas Cayennepfeffer
- $^1/_4$ l Wasser

Klein geschnittene Zwiebel im Öl andünsten.
Klein geschnittenen Knoblauch hinzufügen.
Dann die Champignons, die ebenfalls klein geschnittenen Paprika und die in Scheiben geschnittenen Zucchini dazugeben.
Alles etwa 5 bis 10 Minuten dünsten.
Dann die frischen oder eingedosten Tomatenstücke und die klein geriebene Peperoni hinzufügen und mit Wasser und Instant-Gemüsebrühe auffüllen.
Alles nochmal 5 Minuten garen.
Würzen und abschmecken.

Tipp:
Möglichst die doppelte Menge kochen und dann die Hälfte einfrieren. Fürs nächste Pfannkuchenessen ist die Füllung dann schon fertig.

Chinagemüse I

- 2 Zwiebeln
- 300 g Erbsen (aus dem Frost)
- 1 kleine Dose Sojabohnenkeimlinge
- 200 g gekochter Schinken
- 2 EL Sojasoße
- Olivenöl
- etwas Zucker
- Salz
- Pfeffer

Klein geschnittene Zwiebeln in Öl glasig dünsten.
Die Erbsen dazugeben und etwa 8 Minuten garen.
Sojabohnenkeime und den in Streifen geschnittenen Schinken dazugeben.
Mit Sojasoße, Zucker, Salz und Pfeffer abschmecken.

Chinagemüse II

- 1 rote Paprikaschote
- 1 grüne Paprikaschote
- 1 kleine Dose Sojabohnenkeimlinge
- 200 g Tiefkühl-Erbsen
- 1 Staudensellerie
- 1 Zwiebel
- 2 Knoblauchzehen
- 2 EL Sojasoße
- etwas Zitronensaft (oder Essig)
- 1 TL Instant-Gemüsebrühe
- Salz
- Pfeffer
- Ingwerpulver
- $^1/_4$ l Wasser

Klein geschnittene Zwiebel und Knoblauchzehen in Öl kurz andünsten.
Die gewaschenen und klein geschnittenen Paprika und den ebenso vorbereiteten Sellerie dazufügen.
5 Minuten dünsten.
Sojabohnen und Erbsen dazugeben und weitere 5 Minuten garen.

Währenddessen:
Sojasoße mit Zitronensaft, Wasser, Instantbrühe und den Gewürzen mischen.
Zum Gemüse geben und nochmal kurz aufkochen.

Diese Mischung ist mehr als eine Gemüsebeilage, nämlich eine komplette Mahlzeit – ganz ohne Fleisch.

Paprikagulasch

- 1 kg Kartoffeln
- 4 Zwiebeln
- 2 rote Paprikaschoten
- 2 grüne Paprikaschoten
- 1 gelbe Paprikaschote
- 2 TL Instant-Gemüsebrühe
- Salz
- Pfeffer
- Paprika (scharf und edelsüß)
- Cayennepfeffer
- 150 g Crème fraîche (oder Schmand)
- gehackte Petersilie (frisch oder aus dem Frost)
- etwas Honig
- Öl
- $^1/_2$ l Wasser

Kartoffeln schälen und in Würfel schneiden.
Zwiebeln schälen und in Ringe schneiden.
Paprikaschoten waschen, putzen und klein schneiden (oder aus dem Frost nehmen).

Kartoffeln und Gemüse einige Minuten in heißem Öl andünsten.
Wasser und Instantbrühe dazugeben.
Zugedeckt etwa 10 Minuten schmoren.
Mit Honig, Salz, Pfeffer, Paprika und Cayennepfeffer würzen.
Crème fraîche einrühren.
Bei schwacher Hitze weitere 10 Minuten garen.
Mit Petersilie bestreuen.

Bei Fenchel haben manche Kinder und Erwachsene möglicherweise die unangenehme Erinnerung an verdorbenen Magen und warmen Tee mit seltsamem Beigeschmack. Schließlich wirkt Fencheltee beruhigend und heilend und wird gern eingesetzt, um Magenbeschwerden zu lindern. Auch wenn es einige Überzeugungsarbeit kostet: Es lohnt sich zu beweisen, dass das Gemüse (ganz anders als der Tee) sehr lecker ist.

Fenchelauflauf I

- 750 g Fenchel
- 1 Dose Pizzatomaten
- 1 Zwiebel
- Salz
- Pfeffer
- Zucker
- Petersilie
- Butter
- 1 Mozzarella-Käse

Fenchel putzen, waschen, vierteln.
In Salzwasser 10 Minuten garen.
Währenddessen die Zwiebel schälen, klein schneiden und in Butter andünsten.

Tomaten dazugeben und einkochen lassen.
Mit Salz, Pfeffer und etwas Zucker abschmecken.
Petersilie dazugeben.
Abgetropften Fenchel in eine Auflaufform geben.
Mit der Tomatensoße übergießen und mit dem in Scheiben geschnittenen Mozzarella belegen.
Bei 200 Grad 15 bis 20 Minuten überbacken.

Fenchelauflauf II

- 1 kg Fenchel
- 200 g Crème fraîche (oder Schmand)
- 2 EL geriebener Käse
- 150 g Roquefort oder Gorgonzola
- Salz
- Pfeffer

Fenchel putzen, waschen, vierteln.
In Salzwasser 10 Minuten garen.
Abgetropften Fenchel in eine Auflaufform geben.
Crème fraîche mit dem Käse mischen und würzen.
Die Soße über den Fenchel geben.
15 Minuten überbacken.

Diesmal kommen die Champignons nicht aus dem Frost. Trotzdem machen sie nicht allzu viel Arbeit und sind rasch fertig gegart. Als Beilage geeignet zu Nudeln, Salzkartoffeln oder Kartoffelbrei (wenn es ganz schnell gehen soll: den aus der Tüte nehmen).

Pilzpfanne Nicolai

- 500 g dicke Champignons
- 100 g Butter
- Salz
- Pfeffer
- Paprika
- Curry
- Kümmel

Champignons putzen und halbieren.
Zusammen mit den restlichen Zutaten in eine Pfanne geben.
Zunächst offen, später zugedeckt etwa 10 Minuten dünsten.

Der Zucchino hat schon bei den Nudelgerichten sein Talent als praktisches Gemüse bewiesen. Überbacken ist er auch nicht zu verachten.

Zucchini mit Käse überbacken

- 1–2 Zucchini
- 2 Eier
- 2 Tomaten
- 1 Knoblauchzehe
- 50 g Feta- oder Schafskäse
- Butter oder mildes Öl
- Salz
- Pfeffer
- 250 ml Milch (oder Sahne)

Zucchini waschen und der Länge nach vierteln.
In eine Auflaufform legen.
Mit weicher Butter oder mildem Öl einpinseln.
15 Minuten im Ofen backen.
Die Tomaten würfeln, den Schafskäse oder Feta zerbröseln und beides über die Zucchini verteilen.
Milch und Eier mit den Gewürzen verquirlen und darüber gießen.
Nochmals 15 Minuten backen.

Tomaten sind bei den meisten Gerichten eher Mitspieler als Hauptdarsteller. In diesen beiden Rezepten ist das anders.

Gebackene Tomaten

- 500 g Tomaten
- 50 g Butter
- Salz
- Pfeffer
- Kräuter (Oregano, Basilikum, Thymian)

Tomaten waschen, halbieren und mit der Schnittfläche nach oben in eine Auflaufform legen.
Butterflöckchen, Salz und Pfeffer auf die Tomaten geben.
10 Minuten im Ofen bei 200 Grad überbacken.
Anschließend Kräuter darüber streuen.

Tomatenbratlinge

- 500 g Pellkartoffeln
- 3–4 Tomaten
- 2 Eier
- Salz
- Pfeffer
- Butter
- Semmelbrösel nach Bedarf

Kartoffeln schälen und durch die Kartoffelpresse drücken.
Tomaten schneiden und 5 Minuten dünsten.
Die harten Tomatenschalen aus dem Tomatenbrei entfernen.
Tomaten- und Kartoffelmasse sowie Eier, Gewürze und Semmelbrösel mischen.
Daraus Bratlinge formen.
Diese in heißer Butter auf beiden Seiten knusprig braten.

Sauerkraut «sitzt» meist in der zweiten Reihe hinter Kassler Kotelett, Frankfurter Rippchen oder Nürnberger Bratwürstchen. Nicht zu verachten ist aber auch diese rein vegetarische Variante. Die ist in unserer Familie ein Renner.

Rotes Sauerkraut

- 1 kleine Dose Sauerkraut
- 1 kleine Zwiebel
- 2 EL Tomatenmark
- 125 ml Schmand
- Paprika
- 1 TL Instant-Gemüsebrühe
- Öl
- Pfeffer
- $^{1}/_{8}$ l Wasser

Klein geschnittene Zwiebel in Öl leicht andünsten.
Sauerkraut zerpflücken und dazugeben.
Wasser und Instant-Gemüsebrühe dazugeben.
Tomatenmark und die restlichen Gewürze unterrühren und alles aufkochen.
Vor dem Servieren den Schmand unterrühren.

Dieses Gericht schmeckt wunderbar zu Kartoffelbrei.

Der Reis ist heiß – und lecker

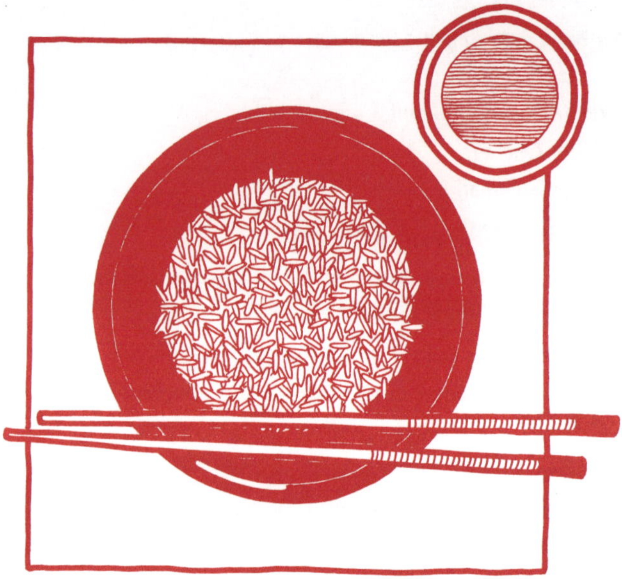

Der Welternährungsrat der UNO setzt Reis auf Platz 3 der wichtigsten Nahrungspflanzen, hinter Mais und Weizen und vor die Kartoffel. Entscheidend dafür ist der Anbau und Verzehr im asiatischen Raum. Hierzulande spielt Reis eine deutlich unwichtigere Rolle als die Kartoffel. Für die Familienküche hat er allerdings einiges zu bieten. Er muss nicht vorbehandelt werden, ist zur Not schon in 10 Minuten gar, lässt sich auch noch in der Resteküche verarbeiten und kann sowohl herzhaft als auch süß zubereitet werden.

Kräuter-Risotto

- 1 Zwiebel
- 400 g Rundkornreis
- 4–5 TL Instant-Gemüsebrühe
- je 1 Bund Petersilie und Basilikum (frisch oder tiefgefroren)
- Butter
- 1250 ml Wasser

Zwiebel in kleine Würfel schneiden.
Zusammen mit dem Reis in etwas Butter anschwitzen.
Mit Wasser und Instant-Gemüsebrühe auffüllen.
Unter häufigem Rühren in 15–20 Minuten garen.
Zum Schluss Kräuter untermischen und abschmecken.

Tomatenreis

- 250 g Reis
- 500–750 ml Tomatensaft
- 4 Tomaten
- Salz
- Pfeffer
- Öl

Reis in Öl kurz andünsten.
Tomatensaft dazugeben und gar kochen.
Mit Salz und Pfeffer abschmecken.
Währenddessen die Tomaten waschen und in kleine Stücke schneiden.
Unter den fertigen Reis mischen.

Gemüsereis

- 400 g Reis
- 1 kleine Zwiebel
- 1 kleine Dose Pizzatomaten
- 3 TL Instant-Gemüsebrühe
- 1 Packung Tiefkühl-Mischgemüse
- 2 Knoblauchzehen
- 2 Bund Schnittlauch (frisch oder aus dem Frost)
- etwas geriebener Käse
- Salz
- Pfeffer
- Butter
- 1 l Wasser

Klein geschnittene Zwiebel in der Butter andünsten.
Reis dazugeben und kurz mitdünsten.
Tomaten, Wasser und Instant-Gemüsebrühe hinzufügen.

Währenddessen:
Gemüse in Butter anschwitzen.
Mit Salz, Pfeffer und zerdrücktem Knoblauch würzen.
Gemüse gegen Ende der Garzeit unter den Reis mischen.
Gehackten Schnittlauch dazugeben.
Am Tisch mit Käse bestreuen.

Bei diesem Rezept ist der Reis bereits vorgegart. Geeignet also auch zur Resteverwertung.

Reis mit Erbsen und Schinken

- 400 g gekochter Langkornreis
- 50 g Schinken (Parmaschinken, gekochter Schinken oder was vorrätig ist)
- 150 g Crème fraîche mit Kräutern
- 1 Knoblauchzehe
- 1 Packung Tiefkühl-Erbsen
- Basilikum (frisch oder aus dem Frost)
- Salz
- Pfeffer
- Butter

Reis in heißer Butter kurz anbraten.
Zerdrückten Knoblauch und Erbsen zufügen.
Crème fraîche unterrühren.
Mit Salz und Pfeffer würzen.
Schinken in kleine Stücke schneiden oder zupfen.
Zusammen mit dem Basilikum über den Reis streuen.

Reis mit Paprikagemüse

- 500 g Reis
- 1 kg Paprika gemischt
- 500 g Zwiebeln
- 6 Tomaten (oder aus der Dose)
- Öl
- Salz
- Pfeffer
- Basilikum
- Knoblauch
- 200 ml Sahne

Paprika waschen und klein schneiden
(oder gefrorene Paprika nehmen).
Zwiebeln schälen und klein schneiden.
Paprika und Zwiebeln in Öl etwa 5 Minuten dünsten.
Klein geschnittene Tomaten dazugeben.
Mit Knoblauch, Salz, Pfeffer und Basilikum würzen.
10 bis 15 Minuten garen.

Währenddessen den Reis kochen.

Sahne unter das Gemüse rühren.
Reis und Gemüse mischen oder getrennt servieren.
Mit diesem Essen werden mehr als vier Personen satt.

Spinatrisotto

- 500 g Risotto- oder Rundkornreis
- 1 Paket Tiefkühl-Spinat
- 1 Zwiebel
- 1 Knoblauchzehe
- 5 TL Instant-Gemüsebrühe
- Salz
- Pfeffer
- Gorgonzola
- Öl oder Butter
- $1\,^{1}/_{2}$ l Wasser

Zwiebel und Knoblauch in kleine Würfel schneiden.
Im heißen Fett andünsten.
Reis dazugeben und kurz mitdünsten.
Die Hälfte des Wassers und die Instantbrühe dazugeben und verdampfen lassen.
Häufig umrühren und restliches Wasser immer dann zugeben, wenn die Flüssigkeit verdampft ist.
Spinat hinzufügen, auftauen lassen und kurz aufkochen.
Mit Salz und Pfeffer kräftig würzen und mit Gorgonzola-Würfeln bestreuen.

Süße Reisspeisen (siehe «Dessert und Kuchen», ab Seite 157).

Alles aus Ei: Pfannkuchen & Co.

Variationsreicher geht's kaum: die schnellen Teigfladen aus der Pfanne vertragen sich mit süß, sauer und salzig, schmecken ideal als Beilage zum Ratatouille, werden mit Tomate und Käse zu einer Ersatzpizza oder gefüllt mit Marmelade und Kompott zu einem leckeren Nachtisch.

Ob Pfannkuchen, Crêpes, Galettes oder Tortilla – die Namensvielfalt beweist die Variationsbreite dieses Gerichts und seine Familientauglichkeit. Wie hätte es sonst in so vielen Ländern Fuß fassen können?

Pfannkuchen (Grundrezept)

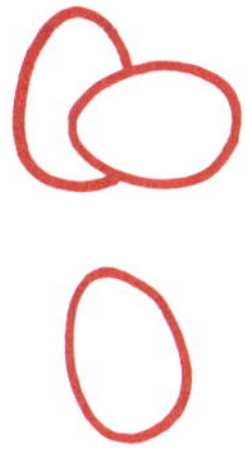

- 250 g Mehl oder Vollkornmehl
- 3 Eier
- 500 ml Milch
- 1 TL Salz
- Butter

Alle Zutaten zu einem glatten, etwas flüssigen Teig verrühren.
Butter in einer Pfanne erhitzen.
Mit einer Schöpfkelle Teig in die Pfanne geben.
Eine Seite goldbraun braten.
Pfannkuchen wenden und zweite Seite backen.
Backofen auf unterster Stufe erwärmen und die fertigen Pfannkuchen darin aufbewahren, bis der ganze Teig verbraucht ist.

Ob mit Gemüse, Käse, Schinken oder Kräutern – Pfannkuchen schmecken mit den unterschiedlichsten Beigaben.

Pfannkuchen mit Ratatouille oder Pilzen

Als Füllung oder Beilage eignen sich Ratatouille oder Pilzpfanne Nicolai (siehe Seite 105 und 110).
Gemüse und Pfannkuchen werden entweder getrennt auf den Tisch gestellt, oder die einzelnen Pfannkuchen werden mit dem Gemüse gefüllt und zusammengeklappt.

Hier wird es italienisch:

Pfannkuchen Margherita

- Grundrezept Pfannkuchenteig
- 5 Tomaten
- geriebener Käse
- Butter

Tomaten waschen und in dünne Scheiben schneiden.
Butter erhitzen.
Einige Tomatenscheiben darin leicht andünsten.
Eine Kelle Pfannkuchenteig zugießen und
von beiden Seiten hellbraun backen.
Mit geriebenem Käse bestreuen.

Mit den weiteren Portionen genauso verfahren.

Ob mit einer Gemüsemischung gefüllt oder gemeinsam mit dem Gemüse gebacken – der Pfannkuchen beweist seine Wandlungsfähigkeit.

Pfannkuchen mit Champignons

- Grundrezept Pfannkuchenteig
- 400 g Champignons (frisch oder aus dem Frost)
- 2 Lauchzwiebeln oder 1 kleine Zwiebel
- 200 g Schmand
- Butter
- Salz
- Pfeffer
- Petersilie
- etwas Zitronensaft

Dünne Pfannkuchen backen und warm stellen.
Pilze in Butter andünsten.
Klein geschnittene Zwiebeln kurz mitdünsten.
Schmand, Zitronensaft und Petersilie zugeben und kurz aufkochen.
Mit Salz und Pfeffer abschmecken.
Die Pfannkuchen mit Füllung bestreichen und zusammenklappen.

Gemüse-Pfannkuchen

- Grundrezept Pfannkuchenteig
- 2 Zucchini
- 1 Bund Basilikum
- 200 g Feta-Käse
- Öl
- Paprika (edelsüß)

Zucchini waschen, putzen und in Scheiben schneiden.
Etwas Öl in einer Pfanne erhitzen.
Einige Zucchini-Scheiben hineinlegen und von beiden Seiten anbraten.
Eine Kelle Pfannkuchenteig dazugießen und
von beiden Seiten hellbraun backen.
Mit den weiteren Portionen genauso verfahren.
Die Pfannkuchen im Backofen warm stellen.
Anschließend Fetakäse und Basilikum auf den Pfannkuchen verteilen.
Der letzte Arbeitsgang kann auch von jedem Familienmitglied selbst
am Tisch erledigt werden.

Grüner Spargel hat zwei Vorteile: Er braucht nicht mühsam geschält zu werden und ist schneller gar als der weiße. Zudem schmeckt er sogar noch etwas intensiver.

Spargel-Pfannkuchen

- Grundrezept Pfannkuchenteig
- 250 g grüner Spargel
- Salz
- Pfeffer
- Muskat
- 6 Eier
- 100 g Frühlingszwiebeln
- Butter

Spargel waschen, in Stücke schneiden und
in kochendem Salzwasser etwa 6 Minuten garen.
Währenddessen Frühlingszwiebeln putzen und
in dünne Ringe schneiden.
Pfannkuchenteig mit Spargel und Frühlingszwiebeln mischen.
Mit Salz, Pfeffer und Muskat würzen.
Butter erhitzen und darin portionsweise die Spargel-Pfannkuchen
backen.

Dieser Pfannkuchen wird gegart wie ein echter Kuchen, nämlich im Backofen:

Gemüsekuchen

- 300 g Tiefkühl-Mischgemüse
- 5 Eier
- 200 g Frischkäse
- 3 EL Kräuter (frisch oder aus dem Frost)
- 100 ml Milch
- 150 g Mehl
- 1 TL Sojasoße
- Salz
- Pfeffer
- Öl
- Butter

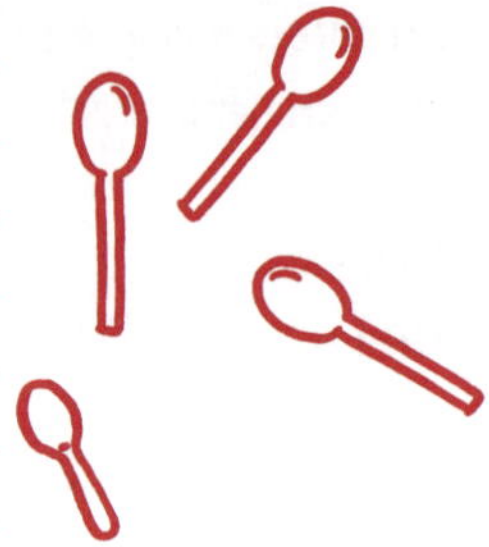

Öl und Butter in einer Pfanne mit hitzebeständigem Griff erhitzen.
Gemüse zugeben, mit Salz, Pfeffer und Sojasoße gut vermischen.
Frischkäse mit Kräutern, Eigelb, Milch und Mehl verrühren.
Eiweiß zu Schnee schlagen.
Den Schnee unter die Frischkäse-Masse heben.
Alles auf dem Gemüse verteilen und glatt streichen.
Gemüsekuchen etwa 20 Minuten bei 200 Grad im Backofen backen.

Das Omelett ist nur die feinere Variante des Rühreis. Zu den Eiern gesellen sich noch Sahne (oder Milch), Salz und Pfeffer. Bei einigen Rezepten – vorwiegend für die süße Küche – werden Eigelb und Eiweiß zudem noch getrennt. Durch den Eischnee wird das Omelett dann zu einem schaumigen und leichten Genuss.

Gemüse-Omelett

- 150 g grüne Bohnen (frisch oder aus dem Frost)
- 2 Tomaten
- 100 g Fetakäse
- 4 Eier
- 100 g Sahne
- Salz
- Pfeffer
- Butter

Bohnen in Salzwasser etwa 10 Minuten kochen, dann abgießen.
Tomaten klein schneiden.
Käse zerbröckeln.
Bohnen, Tomaten und Käse mit Salz und Pfeffer mischen.
Eier mit Sahne verrühren und mit Salz und Pfeffer würzen.
In einer Pfanne etwas Butter erhitzen und
die Hälfte der Eier-Masse hineingießen.
Kurz anbraten.
Die Hälfte der Gemüse-Käse-Mischung darauf verteilen.
Die Pfanne mit einem Deckel schließen und
das Omelett weitere 5 Minuten bei mittlerer Hitze stocken lassen.
Das erste Omelett im Backofen warm halten.
Das zweite Omelett genauso braten.

Kräuter-Omelett

- 4 Eier
- 100 g Sahne
- Salz
- Pfeffer
- Schnittlauch
- Petersilie (oder was sonst noch an Kräutern zur Hand ist und schmeckt)

Alle Zutaten verrühren und nacheinander Omeletts braten.

Sättigend, die spanische bzw. südamerikanische Variante des Omeletts:

Tortilla

- 500 g Pellkartoffeln
- 2 Zwiebeln
- 6 EL Öl
- Salz
- Pfeffer (frisch gemahlen)
- 4 Eier
- 1 EL Kapernfrüchte (zum Garnieren)

Kartoffeln schälen und in Scheiben schneiden.
Zwiebeln schälen und in Ringe schneiden.
In Öl bei mittlerer Hitze 5 Minuten dünsten.
Mit Salz und Pfeffer würzen und etwas abkühlen lassen.
Eier verquirlen und mit Kartoffeln und Zwiebeln vermengen.
Restliches Öl in einer Pfanne erhitzen.
Kartoffel-Mischung zugeben und
bei mittlerer Hitze etwa 5 Minuten braten.
Das Ganze wenden und auch die zweite Seite bräunen.
In Tortenstücke schneiden und auf den Tisch stellen.

Paprika-Omelett

- 6 Eier
- 100 g Sahne
- Salz
- Pfeffer
- jeweils 2 rote, grüne und gelbe Paprikaschoten
- 1 große Zwiebel
- 4–5 Tomaten
- 2 Knoblauchzehen
- Thymian
- Lorbeer
- Salz
- Pfeffer
- Öl

Aus Eiern, Sahne, Salz und Pfeffer eine Omelettmasse herstellen.
Paprika waschen und in kleine Stücke schneiden.
Zwiebel schälen und fein würfeln.
Tomaten waschen und in kleine Stücke schneiden.
In einer großen Pfanne die Zwiebeln in heißem Fett kurz andünsten.
Gemüse und Kräuter hinzufügen.
Etwa 10 Minuten weiterdünsten.
Die Omelettmasse dazugießen, abdecken und in etwa 5 Minuten bei geringer Hitze stocken lassen.

Süße Pfannkuchen- und Omelettrezepte
(siehe «Dessert und Kuchen», ab Seite 157).

Hitverdächtig: Pizza

Pizza ist im Grunde nichts anderes als ein mit diversen Zutaten belegtes, überbackenes Brot. Der Grundteig ist lediglich eine Mischung aus Mehl, Salz, Hefe, Wasser und Öl und unterscheidet sich kaum vom einfachen Brotteig. Das allein kann also noch nicht den Erfolg dieses Gerichts ausmachen – das Geheimnis für den weltweiten Siegeszug der belegten Teigfladen muss andere Gründe haben. Zum Beispiel der mediterrane Flair, die Assoziation zu Jugend und schneller Lebensweise und ihre unglaubliche Vielfalt. Schließlich hat die Pizza so viele «Gesichter», dass sie beinahe für jeden und jede etwas bietet. Ideal also für die Familienküche. Hier kommen beinahe alle Geschmacksrichtungen zu ihrem Recht. Und schnell geht es obendrein auch noch. Zur Not sogar im Nu: zum Beispiel mit einem Fladenbrot als Grundlage.

Pizza-Teig Grundrezept

- 500 g Weizenmehl oder Weizenvollkornmehl
- 2 TL Salz
- 1 Paket Trockenhefe
- etwa 300 ml warmes Wasser
- 2–3 EL Olivenöl

Mehl, Hefe und Salz mischen, mit dem Wasser und dem Öl zu einem Teig verkneten – zunächst mit dem Knethaken, zum Schluss mit den Händen.

Da Pizzaböden möglichst dünn bleiben sollen, muss der Teig nicht unbedingt gehen, sondern kann direkt weiterverarbeitet werden. Wir rollen ihn also und legen ihn auf ein Backblech. Pizza sollte grundsätzlich so heiß gebacken werden, wie es der Backofen hergibt.

Für die schnelle Küche empfiehlt sich auch Folgendes: Teigkugeln formen, über Nacht im Kühlschrank aufbewahren und am nächsten Tag verarbeiten. Der Teig hält sich 2 bis 3 Tage im Kühlschrank. Das Einfrieren von Teigkugeln empfiehlt sich nicht, weil der Auftauvorgang zu viel Zeit in Anspruch nimmt.

Ganz Eilige können auch fertigen Pizzateig aus dem Kühlregal nehmen, der sich einige Zeit im Kühlschrank hält. Als Vorrat durchaus zu empfehlen. Fertigteig ist allerdings deutlich teurer als der selbst gemachte.

Tomatensoße Grundrezept

- 1 Dose Pizzatomaten
- 2 EL Öl
- 1–2 durchgepresste Knoblauchzehen
- Oregano
- Salz
- Pfeffer

Pizzatomaten mit allen Gewürzen mischen und kräftig abschmecken.

Ohne viel Schnickschnack, die ursprüngliche Pizza:

Pizza Margherita

- Pizzateig (selbst gemacht oder fertig gekauft)
- Grundrezept Tomatensoße
- geriebener Käse (oder Mozzarella)
- Öl
- Oregano

Teig ausrollen und Tomatenmischung auf dem Teig verteilen.
Mit Käse bestreuen bzw. mit Mozzarella-Scheiben belegen.
Mit Öl beträufeln und mit etwas Oregano bestreuen.
Beim Käse sollte man nicht zu großzügig sein, denn allzu dick aufgetragen, sorgt er nicht gerade für kulinarischen Genuss.
Im vorgeheizten Backofen 15 bis 20 Minuten backen.

Als Basis bleiben bei den folgenden Pizzen der Teig und der Tomatenbelag. Der Rest variiert.

Pizza Napoli

- 6–8 Anchovisfilets (Sardellen)
- Oliven
- Kapern
- geriebener Käse

Auf der Tomatenmischung werden zunächst der Käse, dann die Anchovisfilets, Kapern und Oliven verteilt. Im vorgeheizten Backofen 15 bis 20 Minuten backen.

Pizza Spinaci

- 200 g Blattspinat aus der Tiefkühltruhe
- Pfeffer
- Salz
- Muskat
- geriebener Käse

Blattspinat in einem kleinen Topf auftauen und mit Pfeffer, Salz und Muskat würzen. Zunächst den Käse, dann den Spinat auf der Tomatenmischung verteilen. Im vorgeheizten Backofen 15 bis 20 Minuten backen.

Pizza-Variationen

Für Familienmitglieder, die auch bei der Pizza nicht auf Wurst verzichten wollen, empfiehlt sich als zusätzlicher Belag Salami, Peperoniwurst oder Schinken. Würzig wird die Pizza mit eingelegten Peperoni und Zwiebeln. Und wer es gern etwas ausgefallen mag, belegt sie auch noch mit kleinen Ananasstücken aus der Dose.

Mal ganz ohne Tomaten:

Pizza Gorgonzola

- Pizza-Teig Grundrezept
- 1 Paket Blattspinat (aus dem Frost)
- 200 g Gorgonzola
- 200 g Schmand
- 1 Zwiebel
- Salz
- Pfeffer
- Muskat

Teig ausrollen und auf ein Backblech legen.
Blattspinat in einem kleinen Topf auftauen und mit Pfeffer, Salz und Muskat würzen.
Schmand mit Gorgonzola und der fein geschnittenen Zwiebel gut mischen.
Spinat auf dem Pizzaboden verteilen.
Schmand-Käse-Soße darüber geben.
15 bis 20 Minuten backen.

Etwas geheimnisvoll: Calzone, die zugedeckte Pizza. In ihrem Inneren können sich die verschiedensten Kombinationen von Gemüse, Käse, Wurst, Schinken und mehr verbergen.

Calzone

- Selbst gemachter Pizzateig (Grundrezept) oder 1 bis 2 Rollen fertiger Teig aus dem Kühlfach

Füllung vegetarisch:

- 3–4 Tomaten
- 150 g Mozzarella
- 1 Becher Schmand
- 1 EL geriebener Käse
- 2 Eier
- 1 Knoblauchzehe
- Salz
- Pfeffer
- Oregano

Tomaten, Knoblauch und Mozzarella klein schneiden.
Den Schmand mit einem Ei, den Tomaten, dem Mozzarella, geriebenem Käse und den Gewürzen mischen.
Pizzateig auf einem Backpapier ausrollen und auf das Backblech legen.
Mit dem zweiten Ei den Teigrand einstreichen.
Füllung auf eine Hälfte der Pizza verteilen.
Die zweite Hälfte darüber klappen.
In 10 bis 15 Minuten goldbraun backen.

Wichtig: Prüfen Sie vor dem Servieren, ob die Unterseite der Calzone gar ist.

Variationen:
Geschmorte Champignons, Oliven, Peperoni.

Calzone mit Schinkenfüllung

- 3 Tomaten
- 3 Scheiben gekochter Schinken
- Knoblauch
- Salz
- Pfeffer
- 2 EL Olivenöl
- Kapern
- Peperoni

Die Zutaten mischen und dann so verfahren wie bei Pizza Calzone.

Calzone mit Salami

- 150 g Mozzarella
- 150 g scharf gewürzte Salami (dünn geschnitten)
- 2–3 Tomaten
- 1 Knoblauchzehe
- Oregano
- geriebener Käse
- Salz
- Pfeffer
- 2 EL Olivenöl

Die Zutaten mischen und dann so verfahren wie bei Pizza Calzone.

Pizza Ruck-zuck

- Grundrezept Tomatensoße
- 1 großes Fladenbrot
- 1 kleine Zwiebel
- geriebener Käse
- Oliven
- Oregano
- Olivenöl
- Salz
- Pfeffer

wahlweise:

- Sardellen
- Kapern
- Schinken
- Salami

Fladenbrot aufschneiden und mit Öl bestreichen.
Zwiebel fein würfeln und unter die Tomatensoße mischen.
Mischung auf das Fladenbrot streichen.
Geriebenen Käse darüber streuen.
Einige Oliven und nach Geschmack Kapern, Sardellen, Schinken oder Salami darauf verteilen.
Etwas Öl und Oregano darüber geben, mit Salz und Pfeffer würzen.
10 bis 15 Minuten backen.

Pizza-Baguette

- 3–4 Baguettebrötchen
- 125 g Mozzarella
- 3–4 Tomaten
- Salz
- Pfeffer
- Oregano
- Öl

wahlweise:

- Oliven
- Kapern
- Schinken
- Salami
- Zwiebeln

Tomaten waschen und in dünne Scheiben schneiden.
Mozzarella in Scheiben schneiden.
Brötchen aufschneiden und mit etwas Öl beträufeln.
Tomaten darauf verteilen, mit Salz und Pfeffer würzen.
Darüber den Mozzarella legen.
Darauf wahlweise einige von den weiteren Zutaten.
Etwas Oregano und Öl darüber geben.
Etwa 5 Minuten überbacken
(nicht länger, sonst werden die Brötchen zu hart).

Blätterteigpizza

- Tomatensoße Grundrezept
- 1 Paket Tiefkühl-Blätterteig
- 125 g Mozzarella
- Kapern und Oliven nach Geschmack

Blätterteigscheiben auftauen lassen (geht sehr schnell).
Scheiben übereinander legen und zu einem Pizzateig ausrollen.
Aufs Backblech legen.
Mit Tomatensoße bestreichen.
Darauf die Mozzarella-Scheiben verteilen.
Nach Geschmack Kapern und Oliven darauf geben.
Etwa 20 Minuten backen.

Kindergeburtstagspizza

Nehmen Sie die

- doppelte Menge Pizzateig Grundrezept

Am besten einen Tag vorher zubereiten und im Kühlschrank aufbewahren.

Weitere Vorbereitungen:

- doppelte Menge Grundrezept Tomatensoße

Verschiedene Schüsseln mit folgenden Zutaten werden bereitgestellt:

- geriebener Käse
- Oliven
- Schinken
- Salami
- Zwiebel
- Kapern
- Ananas
- Oregano

Wenn die Geburtstagsgesellschaft gegen Abend einen Tiefpunkt oder Hungerattacken erleidet, werden alle Gäste in die Küche gelotst. Dann geht es ans Teigausrollen und gemeinsame Ausstechen. Das geht am besten mit Wassergläsern.
Jedes Kind belegt sich seine Minipizzen nach eigenem Geschmack. Ab damit aufs Backblech und in den Ofen. Danach wird gegessen. Aber aufpassen, dass die kulinarischen Wunderwerke nicht vertauscht werden!

Fisch

Fisch ist ein wichtiger Eiweiß- und Jodlieferant. Ernährungswissenschaftler raten deswegen, zweimal die Woche Fisch zu essen. Kinder scheinen da durchweg eine andere Meinung zu haben. Lediglich Fischstäbchen erfreuen sich großer Beliebtheit bei den jungen «Gourmets». Die fallen aber kaum unter die Kategorie «gesund und lecker». Hier ein paar Alternativen – Ausprobieren lohnt sich.

Nudeln mit Thunfischsoße

- 2 Dosen Thunfisch
- 400 g Bandnudeln
- 3–4 Tomaten oder 1 Dose Pizzatomaten
- 1 kleine Zwiebel, gewürfelt
- 100 g Sahne
- 2 EL Olivenöl
- Salz
- Pfeffer
- 1 EL Thymian

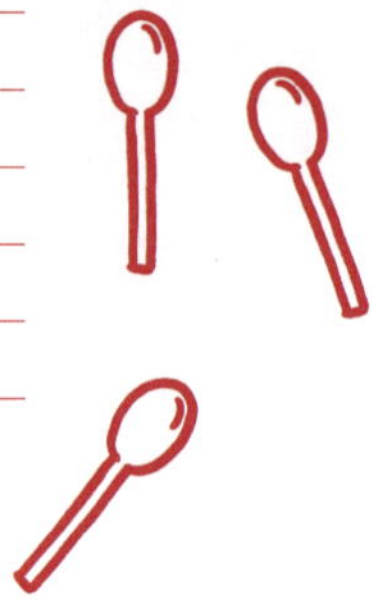

Nudeln nach Packungsanleitung kochen.
Die Zwiebeln im Öl glasig dünsten.
Klein geschnittene Tomaten und Sahne dazugeben und etwas einkochen lassen.
Klein geschnittenen Thunfisch darunter rühren.
Aufkochen und mit Salz, Pfeffer und Thymian abschmecken.
Nudeln und Thunfischsoße getrennt servieren.

Statt Nudeln können Sie auch Reis nehmen.

Nicht ganz billig, aber ein wirklich schnelles Gericht:

Bandnudeln mit Räucherlachs

- 500 g Bandnudeln
- 250 g Räucherlachs
- 80 g Butter
- 2 EL Dill
- Salz
- Pfeffer

Nudeln nach Packungsanleitung kochen und abgießen.
Butter und den in Streifen geschnittenen Lachs
mit den heißen Nudeln verrühren.
Mit Salz, Pfeffer und Dill abschmecken.

Matjes-Tatar

- 4–5 Matjesfilets
- 2 Äpfel
- 1 Bund Schnittlauch (frisch oder aus dem Frost)
- 2 EL Zitronensaft

Die Matjesfilets in kleine Würfel schneiden.
Die Äpfel waschen, entkernen und würfeln.
Schnittlauch in Röllchen schneiden.
Alles mit Zitronensaft beträufeln und vermengen.

Schmeckt gut zu Kartoffelpfannkuchen (Seite 89).

Lachswürfel und Erbsen in Zitronenbutter

- 300 g Lachsfilet
- 1 EL Mehl
- 200 g Tiefkühl-Erbsen
- 1/2 unbehandelte Zitrone
- 100 ml Instant-Gemüsebrühe
- Salz
- Pfeffer
- Paprika (edelsüß)
- Butter

Lachs in Würfel schneiden.
Mehl, Salz, Pfeffer und Paprika mischen und
Lachswürfel damit bestäuben.
Lachs in einer Pfanne in heißer Butter bei kleiner Hitze
etwa 8 Minuten unter Wenden anbraten.
Zitronensaft zugeben und aufkochen lassen.
Lachswürfel herausnehmen und warm stellen.
Erbsen und Brühe in die Pfanne geben und etwas einkochen.
Gebratene Lachswürfel wieder zufügen und mischen.

Dazu passt Reis.

Gebratene Schollenfilets mit Paprika-Sauce

- 500 g Schollenfilets
- 1 kleine Zwiebel
- 1 rote Paprikaschote
- 2 TL Instant-Gemüsebrühe
- 1 Zitrone
- 2 Knoblauchzehen
- Mehl (zum Wenden)
- Salz
- Pfeffer
- Thymian
- Öl
- $^1/_2$ l Wasser

Zwiebel schälen und fein hacken.
Paprika waschen und klein schneiden.
Zwiebel und Paprika in Öl andünsten.
Mit Wasser und Instant-Gemüsebrühe aufgießen und etwa 10 Minuten köcheln.
Gemüsesoße mit dem Stabmixer fein pürieren.
Mit Salz, Pfeffer, Thymian und zerdrücktem Knoblauch würzen und abschmecken.
Fischfilets mit Salz und Zitronensaft würzen und in Mehl wenden.
In heißem Öl auf beiden Seiten etwa 1 Minute braten.
Filets aus der Pfanne heben und warm stellen.
Bratrückstand zur Paprikasauce gießen und nochmals aufkochen.
Schollenfilets mit der Sauce übergießen.

Dazu passen Reis oder Salzkartoffeln.

Frische Pellkartoffeln, aber auch Salzkartoffeln schmecken wunderbar in Kombination mit dieser kalten Fischsoße:

Stip «Karl»

- 5 Matjesfilet in Sahne
- 1 Zwiebel
- 1 Apfel
- 200 g Sahne
- 250 ml Milch
- Salz
- Pfeffer
- Schnittlauch (frisch oder aus dem Frost)
- Petersilie (frisch oder aus dem Frost)

Matjesfilets in Stücke schneiden.
Apfel und Zwiebel schälen und klein schneiden.
Fisch, Apfel und Zwiebel mit den restlichen Zutaten mischen, würzen und abschmecken.

Stip kann auch noch mit Tomatenstücken, Gurkenscheiben und Dill variiert werden.

Wenn's denn Fleisch sein muss …

… soll es trotzdem schnell gehen. Große Braten, Enten, Gänse oder Kaninchen eignen sich eher für Sonn- und Festtage. Aber Gulasch, Filet und Schnitzel taugen auch für die werktägliche Familienküche.

Hähnchen-Geschnetzeltes mit Curry

- 500 g Hähnchenfilet
- 1 Zwiebel
- je 1 roter und grüner Paprika
- 2 EL Curry
- 1 TL Instant-Gemüse- oder Hühnerbrühe
- 150 g Crème fraîche
- 1 Bund Schnittlauch
- Salz
- Pfeffer
- Zitronensaft
- Öl
- Butter
- 1/4 l Wasser

Zwiebel schälen und fein hacken.
Paprika waschen und in Stücke schneiden.
Hähnchenfleisch in Streifen schneiden, mit Salz und Pfeffer würzen und in wenig Öl rundum anbraten (dauert circa 5 Minuten).
Das Fleisch aus der Pfanne heben und beiseite stellen.
Im Bratrückstand Butter und Öl erhitzen und Zwiebel und Paprika darin anschwitzen.
Curry einrühren, kurz mitrösten.
Mit Wasser ablöschen, Instant-Gemüsebrühe unterrühren und aufkochen.
Crème fraîche untermischen und die Sauce cremig einkochen.
Mit Salz, Pfeffer und Zitronensaft würzen.
Fleisch zugeben und kurz erwärmen.
Alles mit Schnittlauch bestreuen.

Dazu Reis oder Kartoffeln.

Schnitzel und Koteletts gehören zur guten deutschen Küche. Hier zwei Rezepte, die etwas Abwechslung versprechen.

Gratiniertes Zwiebelschnitzel

- 4 Schnitzel
- 200 g Sahne
- 1 Tüte Zwiebelsuppe
- 200 g Schmand
- Butter
- Salz
- Pfeffer

Eine Auflaufform mit Butter ausreiben.
Die Schnitzel abwaschen, trocken tupfen und in die Form legen.
Salzen und pfeffern.
Zwiebelsuppenpulver mit der Sahne und dem Schmand verrühren und über das Fleisch geben.
Bei mittlerer Hitze 20 bis 30 Minuten im Ofen gratinieren.

Thymian-Koteletts

- 1 Kotelett pro Person
- etwas Mehl
- Öl
- 250 ml Wasser und 1 TL Instant-Gemüsebrühe
- viel Thymian
- 2–3 Lorbeerblätter
- Pfeffer (grob geschrotet)
- Soßenbinder

Koteletts waschen, abtrocknen und mit Mehl bestäuben.
In heißem Fett anbraten.
Beidseitig mit Salz, Pfeffer und Thymian würzen.
Noch einige Minuten von beiden Seiten braten.
Herausnehmen und warm stellen.
Das Bratfett mit der Brühe ablöschen.
Die Lorbeerblätter und nochmals etwas Thymian hinzufügen.
Aufkochen und mit Soßenbinder abbinden.
Abschmecken und über die Koteletts gießen.

Gulasch braucht etwas Zeit. Sind aber erst mal alle Vorbereitungen getroffen, kann man das Fleisch unbeaufsichtigt weiterschmoren lassen und sich anderen Tätigkeiten zuwenden. Hier zwei Gulaschrezepte, die Ähnlichkeit mit einem Eintopf haben.

Spanisch Frikko

- 500 g Schweinegulasch
- 1500 g Kartoffeln
- 2–3 Zwiebeln
- Butter
- Salz
- Pfeffer
- Paprika
- 1 TL Instant-Gemüsebrühe
- 200 g Schmand
- Öl
- $^1/_4$ l Wasser

Gulasch in einem Topf anbraten.
Klein geschnittene Zwiebeln zufügen und weiterbraten.
Mit Salz, Pfeffer und Paprika würzen.
Kartoffeln schälen und würfeln.
Die Kartoffeln auf das Fleisch schichten.
Wasser und Instantbrühe dazugeben.
Bei geschlossenem Topf etwa 30 Minuten garen.

Den Schmand mischt sich bei Tisch jeder selbst unter das Frikko – ganz nach Geschmack.

Dieses Gericht eignet sich gut zum Vorkochen. Teilweise (indem das Fleisch schon vorgebraten wird) oder auch komplett.

Szegediner Gulasch

- 500 g Schweinegulasch
- 500 g Sauerkraut
- 2 Zwiebeln
- Salz
- Kümmel
- Paprika
- 500 ml Wasser oder Gemüsebrühe
- 100 g Schmand
- Öl

Fleisch in heißem Öl anbraten.
Fein geschnittene Zwiebeln dazugeben und anbräunen.
Mit Salz, Paprika und Kümmel würzen.
Brühe nach und nach hinzufügen und immer wieder einkochen lassen.
Nach 20 Minuten Sauerkraut dazugeben und alles etwa eine Stunde weitergaren.
Den Schmand darunter mischen oder getrennt auf den Tisch stellen.

Dazu passt Kartoffelbrei (auch der aus der Tüte).

Gulasch auf chinesische Art:

Schweinefleisch süßsauer

- 600 g Schweinegulasch
- 1 Ei
- Salz
- Pfeffer
- etwas Mehl
- 1 Bund Frühlingszwiebeln
- je 1 rote und grüne Paprikaschote
- 4 halbe Pfirsiche aus der Dose
- 1 Tasse Pfirsichsaft
- 2 EL Tomatenmark
- 3 EL Sojasoße
- 3 EL Essig
- etwas Stärkemehl
- Öl

Fleisch mit Pfeffer und Salz kräftig würzen.
Ei verquirlen und unter das Fleisch mischen.
Mit Mehl bestäuben.
Fleisch in heißem Öl etwa 15 Minuten braten.
Das geputzte und klein geschnittene Gemüse dazugeben und 5 Minuten garen.
Danach folgen die klein geschnittenen Pfirsiche.
Sojasoße, Tomatenmark und Essig im Schüttelbecher zu einer Soße mischen.
Zur Fleisch-Gemüse-Mischung geben.
Stärkemehl mit dem Pfirsichsaft mischen und unterrühren.
Abschmecken.

Dazu passt Reis.

Bei Rouladen denkt man zunächst an Rindfleisch, aber die schweinige Variante schmeckt auch und ist in einer knappen halben Stunde fertig.

Schweinerouladen

- 1 dünnes Schweineschnitzel pro Person
- entsprechend: je 1 Scheibe Schinkenspeck und 1 kleine Essiggurke oder Cornichon
- scharfer Senf
- Wasser oder Brühe
- Salz
- Pfeffer
- Öl
- Soßenbinder

Die Schnitzel mit Senf bestreichen und würzen.
Speck und Gurke in die Schnitzel einrollen.
Die Rouladenenden mit einem Zahnstocher feststecken.
In heißem Öl von allen Seiten kräftig anbraten.
Mit Wasser oder Gemüsebrühe ablöschen.
Einkochen und nochmals ablöschen.
Mit Soßenbinder andicken und abschmecken.

Schnell gegart und besonders zart: das Filet. Es ist zwar deutlich teurer als Schnitzelfleisch oder Gulasch, aber weil Fleisch ja nicht allzu häufig auf dem Speiseplan steht, lässt sich das durchaus verkraften. Man gönnt sich ja sonst nichts.

Schweinefilet Pizzaiola

- 700 g Schweinefilet
- Pfeffer
- Öl
- Tomatensoße
  (siehe Nudeln mit Tomatensoße, Seite 62)
- 2–3 zerpflückte Sardellenfilets

Filet in dicke Scheiben schneiden.
Ölen und pfeffern.
In einer Pfanne von beiden Seiten etwa 5 Minuten braun braten.
Die Tomatensoße zusätzlich mit den Sardellenfilets würzen und aufkochen.
Soße über die Filets gießen.

Dazu passen: Spaghetti.

Schweinefilet mit Gurken

- 700g Schweinefilet
- Öl
- 250g Sahne
- 1–2 EL scharfer Senf
- 4 Cornichons
- 1 kleine Zwiebel
- 1 EL Essig
- Salz
- Pfeffer
- Öl

Filets in Scheiben schneiden und in heißem Öl von beiden Seiten etwa 5 Minuten braten.
Aus der Pfanne nehmen und warm stellen.
Sahne, Senf, klein geschnittene Cornichons und Zwiebel sowie den Essig in die Pfanne geben.
Einige Minuten kochen – dabei umrühren.

Die Soße über das Fleisch gießen.

Dessert und Kuchen

Nachtisch nur am Sonntag? Dafür gibt es eigentlich keinen Grund. So ein kleiner süßer «Deckel» passt auch wochentags aufs Essen. Sind noch ein paar gesunde Komponenten wie Früchte oder Quark dabei, sorgt das Dessert zudem für die notwendige Ausgewogenheit auf dem Speisezettel. Also ran an den Nachtisch!

Milchreis Grundrezept

- 1 l Milch
- 150 g Rundkornreis
- 80 g Zucker
- 1 Päckchen Vanillepudding-Pulver

Die Milch kochen, und den Reis einrühren.
Noch einmal aufkochen und bei ganz kleiner Flamme etwa 20 Minuten ausquellen lassen. (Der Herd kann nach einigen Minuten auch ganz ausgeschaltet werden.)
Puddingpulver im Schüttelbecher mit etwas Milch mixen und unter den Reis rühren.
Nochmals aufkochen und gegebenenfalls Milch nachgießen, falls der Brei zu steif geraten ist.

Fruchtreis

- Milchreis Grundrezept
- Früchte der Saison
  (z. B. Apfelsinen, Erdbeeren oder Pfirsiche)

Früchte werden klein geschnitten und unter den Reis gehoben.

Nudeln schmecken nicht nur mit Tomatensoße. Sämig in Milch gekocht werden sie zu einer willkommenen Nachspeise.

Milchnudeln

- 1 l Milch
- 250 g Nudeln (Schmetterlingsnudeln oder Spiralnudeln)
- 70 g Zucker

Milch aufkochen und Nudeln hineingeben.
Noch einmal aufkochen, den Zucker zugeben und bei kleiner Hitze in etwa 20 Minuten gar quellen.
(Milchnudeln brauchen etwas länger als andere Nudeln.)
Zu Milchnudeln passt frisches Obst oder Obst aus der Dose.
Sie schmecken aber auch in Kombination mit Apfelkompott oder Zucker und Zimt.

Quark: Kaum etwas eignet sich besser für Nachtischvariationen.

Quarkspeise Grundrezept

- 250 g Quark (mager oder fett)
- 200 g Vollmilchjoghurt
- 200 g Schmand
- 80 g Zucker

oder:

- 500 g Quark
- 250 ml Milch
- 80 g Zucker

Quark mit Joghurt und Schmand oder der Milch und dem Zucker verrühren.

Früchtequark

- Quarkspeise Grundrezept
- Früchte (z. B. 2 Apfelsinen, 3 Pfirsiche, 250 g Erdbeeren, Himbeeren oder Heidelbeeren)
- Schokostreusel, Kokosflocken (nach Geschmack)

Klein geschnittenes Obst unter den Quark rühren.
Es dürfen auch mal Früchte aus der Dose sein: Pfirsiche, gemischtes Obst oder auch Erdbeeren und Himbeeren.
Zur Abwechslung werden mal Schokostreusel darüber gestreut oder Kokosflocken untergemischt.

Knuspriger Obstquark

- Quarkspeise Grundrezept
- 1 Messerspitze Zimt
- 1 EL kernige Haferflocken
- 2 EL Knuspermüsli
- 1 Orange
- 1 Zitrone

Quarkspeise mit Haferflocken, Knuspermüsli, Zimt und dem Orangen- und Zitronensaft mischen.
Gegebenenfalls noch Zucker oder Honig unterrühren.

Vanille-Quark

- 1 Päckchen Vanillepudding-Pulver
- 500 ml Milch
- 100 g Zucker
- 250 g Quark (mager oder fett)

Pudding nach Anleitung kochen.
Den Quark unter den heißen Pudding rühren und abkühlen lassen.

Eis ist nicht nur etwas für heiße Tage. Es eignet sich immer als Nachtisch. Am schnellsten geht es, wenn dieses Dessert aus dem Eisfach des Lebensmittelhändlers kommt. Aber das selbst Gemachte schmeckt nun mal besser. Und die Zubereitung ist denkbar einfach. Lediglich das Einfrieren braucht Zeit. Aber wenn Sie rechtzeitig (zum Beispiel am Wochenende) an die Vorbereitungen denken, können Sie später immer wieder auf den Vorrat zurückgreifen. Im Eisfach hält sich nämlich auch das selbst gemachte Eis eine ganze Weile. Aus dem Grundrezept lassen sich mit den entsprechenden Zutaten und Gewürzen die unterschiedlichsten Eissorten herstellen.

Eis Grundrezept

- 500 g Sahne
- 120 g Zucker
- 1 Päckchen Vanillezucker
- 5 Eigelb

Eigelb mit Zucker und Vanillezucker schaumig rühren.
Mit der steif geschlagenen Sahne mischen.
Jetzt kommen noch die verschiedenen Gewürze hinzu (siehe folgende Rezepte).
In die Eisschale oder einen ähnlichen Behälter füllen und
etwa 3 Stunden im Eisfach gefrieren lassen.

Vanilleeis

- Eis Grundrezept
- 3 Päckchen Vanillezucker (noch besser Bourbon-Vanillezucker)

Die Eismasse mit dem Vanillezucker mischen und etwa 3 Stunden im Eisfach gefrieren lassen.

Schokoladeneis

- Eis Grundrezept
- je 2 EL Kakao und Instant-Kakao
- etwas Sahne
- 50 g Zucker

Kakao und Zucker mit Sahne im Schüttelbecher mixen. Die Mischung unter die Eismasse geben und gefrieren lassen.

Zimteis

- Eis Grundrezept
- 1 EL Zimt
- etwas Zucker nach Geschmack

Zimt und gegebenenfalls auch den Zucker unter die Eismasse rühren und gefrieren lassen.

Vornweg eine Suppe und hinterher der Kaiserschmarrn – schon ist eine komplette Mahlzeit fertig.

Kaiserschmarrn

- 250 g Mehl
- 4 Eier, getrennt
- 500 ml Milch
- Butter
- Puderzucker

Mehl und Eigelb mit der Milch zu einem glatten Teig verrühren und mit dem steif geschlagenen Eiweiß vorsichtig vermischen.
In einer großen Pfanne Butter erhitzen und
die Hälfte des Teigs einfüllen.
Auf einer Seite goldgelb backen.
Dann wenden und nach kurzer Zeit mit dem Pfannenheber
in kleine Stücke zerreißen.
Noch wenige Minuten backen.
In eine Schüssel kippen und mit Puderzucker bestreuen.
Mit der zweiten Hälfte des Teigs genauso verfahren.
Bei uns gibt es dazu Vanillesoße, gekocht oder kalt gerührt.
Dazu passen aber auch Marmelade oder Kompott.

Diese Desserts kosten etwas Zeit. Sie haben aber einen anderen Vorteil: Die fertigen Speisen lassen sich einige Tage im Kühlschrank aufbewahren. Sie gehören also unter die Rubrik «Vorkochen».

Quarkauflauf

- 250 g Sahnequark
- 4 Eier, getrennt
- etwas Zitronensaft
- 120 g Zucker

Eiweiß zu Schnee schlagen.
Quark mit Eigelb, Zucker und Zitronensaft mischen und mit dem Handmixer schaumig rühren.
Eiweiß unterheben.
Kleine Auflaufförmchen mit Butter ausstreichen und mit Zucker bestreuen.
Quarkmasse auf die Förmchen verteilen.
Förmchen auf ein Backblech stellen.
Das Blech halbhoch mit heißem Wasser füllen.
Auflauf in etwa 20 Minuten bei 200 Grad goldgelb backen.

Achtung! Wegen des heißen Wassers ist das Herausnehmen der Förmchen aus dem Backofen etwas riskant. Kleine Kinder sollten sich möglichst nicht in Nähe des Backofens aufhalten.

Flan caramel

- 500 g Sahne
- 500 ml Milch
- 175 g Zucker
- 6 Eigelb

Milch und Sahne erhitzen.
In einem zweiten Topf Zucker karamellisieren, bis er eine schöne braune Farbe angenommen hat.
Milch-Sahne-Mischung dazugeben und rühren, bis sich der Zucker aufgelöst hat.
Eigelb mit dem Handmixer schaumig schlagen.
Karamellmilch langsam dazugießen und weiterrühren.
Masse in kleine Auflaufförmchen füllen und auf ein Backblech stellen.
Das Blech halbhoch mit heißem Wasser füllen.
Auflauf in etwa 40 Minuten bei 200 Grad goldgelb backen.

Achtung! Wegen des heißen Wassers ist das Herausnehmen der Förmchen aus dem Backofen etwas riskant. Kleine Kinder sollten sich möglichst nicht in der Nähe des Backofens aufhalten.

Nicht für alle Tage, weil reichlich fett, aber ab und zu sollte man der Familie auch mal diesen Nachtisch gönnen:

Panna cotta

- 500 g Sahne
- 250 ml Milch
- 3 EL Zucker
- 1 Vanilleschote oder 2 Päckchen Vanillezucker
- 2 TL Agar Agar (statt Gelatine)

Milch und Sahne mit Agar Agar verrühren.
Vanillemark oder den Vanillezucker dazugeben und aufkochen.
Masse in kleine Förmchen füllen und im Kühlschrank über Nacht fest werden lassen.

Waffelteig ist schnell gemacht. Lediglich fürs Backen brauchen Waffeln etwas Zeit und Aufmerksamkeit. Das Backen geht also am besten, wenn Sie sowieso in der Küche beschäftigt ist.

Waffeln

- 250 g Margarine
- 75 g Zucker
- 5 Eier
- 500 g Mehl

oder:

- Mischung aus Weizenmehl und Kartoffelmehl

oder:

- Mischung aus Weizenvollkorn- und Weizenmehl
- 1 Päckchen Backpulver
- 250 ml Milch
- 250 ml Mineralwasser

Margarine, Zucker und Eier mit dem Handmixer verrühren.
Mehl, Backpulver, Milch und Wasser unterrühren.
Mit einer Kelle Teig in das heiße Waffeleisen geben und goldbraun backen.

Apfelwaffeln

- Waffelteig-Rezept
- 4 große Äpfel

Die geschälten und in dünne Scheiben geschnittenen Äpfel unter den Teig mischen und dann wie gewohnt im Waffeleisen backen.
Apfelwaffeln schmecken frischer als andere Waffeln.

Den Pfannkuchenauflauf und den versunkenen Obstkuchen bereiten Sie am geschicktesten zu, bevor Sie sich ans Kochen der Hauptspeise machen. Während nämlich der Rest des Essens gekocht wird, gart der Nachtisch im Backofen.

Pfannkuchenauflauf mit Äpfeln

- 250 g Mehl
- 3 Eier
- 500 ml Milch
- 3 EL Zucker
- 4 Äpfel
- Butter
- Zucker-Zimt-Mischung

Mehl, Eier, Milch und Zucker zu einem Teig verrühren.
Äpfel schälen und in dünne Scheiben schneiden.
Auflaufform mit Butter einreiben und mit Zucker bestreuen.
Äpfel darauf verteilen.
Den Pfannkuchenteig darüber gießen.
Etwa 30 Minuten im Backofen bei 200 Grad garen.
10 Minuten vor Ende der Garzeit Butterflöckchen und
eine Zucker-Zimt-Mischung auf dem Auflauf verteilen.

Selbst gemachte, noch warme Waffeln zum Sonntagsfrühstück – diesen Luxus gönnen wir uns hin und wieder. Was hingegen regelmäßig am Sonntagmorgen auf dem Tisch steht, ist das Frischkornmüsli. Auch als Entschädigung dafür, dass unter der Woche keine Zeit für ein ausgiebiges, gemeinsames und vor allen Dingen gesundes Frühstück bleibt.

Frischkornmüsli

- 250 g geschrotete Sechskornmischung
  (aus dem Bioladen oder dem Reformhaus)

Wird bereits am Samstagabend in Wasser eingeweicht.

Obst der Saison:

- Apfel
- Pfirsich
- Apfelsine
- Melone
- auf jeden Fall: Banane
- 500 g Naturjoghurt,
  mit Honig oder Zucker gesüßt

oder:

- 500 g Pfirsich- oder Aprikosenjoghurt

Obst klein schneiden und in eine Schüssel geben.
Sechskornmischung und Joghurt unterrühren.
Gegebenenfalls noch mit Zucker oder Honig abschmecken.

Der Hefeteig gehört wahrlich nicht zu den Schnellgerichten. Weil aber unsere Schokoschnecken Renner beim Sonntagmorgenfrühstück sind, gern als Ergänzung zum Schulbrot mitgenommen und auch zwischendurch von unseren Kindern und ihren Freunden begeistert verdrückt werden, dürfen sie hier einfach nicht fehlen:

Emmys Schokoschnecken

- 700 g Mehl
- 150 g Zucker
- 200 g Margarine
- 1 Päckchen Hefe
- 500 ml Milch
- 2 Eier
- 1 Eigelb

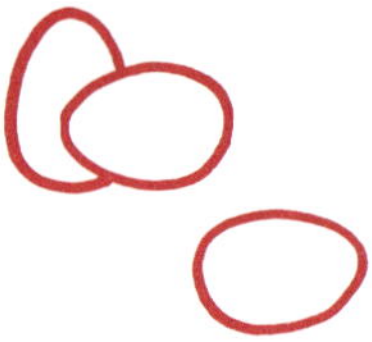

Füllung:

- 250 g Butter
- 75 g Kakao
- 2 EL Instant-Kakaopulver
- 150–200 g Zucker
- etwas Zimt

Hefe und 1 TL Zucker in etwas warmer Milch anrühren.
Zugedeckt gehen lassen.

Währenddessen:
Margarine in einem kleinen Topf auf dem Herd zum Schmelzen bringen.
Mehl in eine große Schüssel geben.
Flüssige Margarine mit der kalten Milch mischen.
Eier, Zucker, Margarinemilch und Hefe zum Mehl geben und mit den Knethaken des Handmixers kräftig durchkneten.
Gegebenenfalls noch etwas Milch zufügen.
Zugedeckt nochmals gehen lassen.

Unterdessen Butter erhitzen und flüssig werden lassen.
Vom Herd nehmen.
Kakao, Zucker und Zimt unterrühren, abkühlen lassen.
Den Hefeteig durchkneten.
Nach Bedarf Mehl hinzufügen.
Zu einem großen Rechteck ausrollen und mit der Schokoladenmasse bestreichen.
Von der langen Seite her aufrollen.
Die Rolle in dicke Scheiben schneiden.
Die Scheiben aufs gefettete Backblech legen und leicht andrücken.
In etwa 20 Minuten bei 220 Grad im Backofen goldbraun backen.

Auch der Gewürzkuchen wird liebend gern als Ergänzung zum Frühstücksbrot mit in die Schule genommen.

Gewürzkuchen

- 125 g Margarine
- 200 g Zucker
- 350 g Mehl
- 1 Päckchen Vanillezucker
- 1 Päckchen Backpulver
- 4 Eier
- 60 g Kakao
- 1 TL Zimt
- 1 TL Nelken
- 250 ml Milch
- Puderzucker

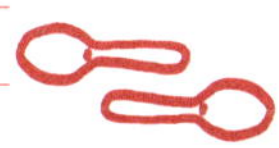

Margarine, Zucker und Eier mit dem Handmixer verrühren.
Gewürze hinzufügen. Mehl, Backpulver und Milch unterrühren.
In eine gefettete Kuchenform füllen und
etwa 1 Stunde bei 220 Grad backen.
Mit Puderzucker bestreuen.

Versunkener Obstkuchen

- 120 g Mehl
- 170 g Zucker
- 2 Eier, getrennt
- 60 g Butter
- 500 g frisches Obst (Äpfel, Kirschen) oder Obst aus der Dose
- Zucker-Zimt-Mischung (nach Geschmack)

Butter schmelzen.
Eiweiß zu Schnee schlagen.
Eigelb und Zucker schaumig rühren.
Eischnee unterheben.
Mehl und geschmolzene Butter dazugeben.
In eine Springform füllen.
Mit dem Obst belegen.
In etwa 20 Minuten goldbraun backen.
Wer mag, gibt auch hier einige Minuten vor Garende etwas Butter und eine Zucker-Zimt-Mischung auf den Kuchen.

Das Ausstechen und Verzieren von Weihnachtsplätzchen macht Spaß und gehört zu den wichtigen gemeinsamen Weihnachtsvorbereitungen von Kindern und Eltern. Um die Keksdose aber bis zum Fest gefüllt zu halten, braucht es Kekse, die sich schnell in größeren Mengen herstellen lassen. Hier einige Vorschläge:

Haferflockenkekse

- 250 g Butter
- 200 g Haferflocken
- 175 g Zucker
- 3 EL Milch
- 3 EL Kakao

Butter erhitzen, Zutaten einrühren und
kleine Häufchen zum Trocknen aufs Backblech setzen. Nicht backen!

Butter-Zimt-Schnecken

- 500 g Mehl
- 325 g Butter
- 75 g Zucker
- 150 g Vollmilchjoghurt
- Hagelzucker (zum Bestreuen)

Füllung:

- 4 EL Zucker
- 1 EL Zimt

Teig kneten und ausrollen.
Mit Zucker-Zimt-Mischung bestreuen und zusammenrollen.
1 cm dicke Scheiben schneiden und aufs Backblech legen.
Mit Hagelzucker bestreuen.
Bei höchster Stufe etwa 15 Minuten backen.

Nussecken

- 200 g Butter oder Margarine
- 200 g Zucker
- 2 Eier
- 1 TL Zimt
- $^{1}/_{2}$ TL Nelkenpulver
- 125 g gemahlene Haselnüsse
- 100 g Blockschokolade, geraspelt
- 250 g Mehl
- 1 TL Backpulver
- 2 EL Wasser

Guss:

- etwas kalter Kaffee und Puderzucker

Alle Zutaten zu einem Teig verkneten.
Teig gleichmäßig auf ein Bachblech streichen.
Etwa 20 Minuten bei höchster Stufe backen.
Direkt mit dem Guss bestreichen.
Danach zunächst in Quadrate, dann in Dreiecke schneiden.

Wir nehmen meist die doppelte Menge der Zutaten und backen zwei Bleche Nussecken.

Spezialitäten aus der Resteküche

Das Essen mag noch so lecker gewesen sein – Reste gibt es immer. Nicht alles kann man wieder für eine neue Mahlzeit verwenden, aber etliches eignet sich durchaus für eine neue Kreation. «Schlagen wir doch ein Ei drüber» lautet der Standardsatz, wenn Essensreste nochmal aufgewertet werden sollen. Tatsächlich sind Eier ein zentraler Bestandteil der Resteküche. Aber auch ohne sie lässt sich aus manchem Übriggebliebenem etwas Neues «zaubern». Am besten eignen sich Reis, Nudeln, Kartoffeln und Gemüse.

Was tun mit Reisresten?

Die einfachste Resteverwertung: Der Reis wird ein weiteres Mal pur serviert. Dafür muss er bloß kurz in wenig Wasser wieder aufgekocht werden.

Gekochter Reis sorgt auch für mehr Gehalt in der Suppe:

Gemüsebrühe mit Reis

- 1 l Instant-Gemüsebrühe aufkochen.

Den fertigen Reis kurz darin erwärmen, ein rohes Ei schnell einrühren. Fertig.

Ebenso wie die gekochten Kartoffeln oder Nudeln eignet sich auch der Reis für einen Salat:

Reissalat

- gekochter Reis
- 1 kleine Dose Erbsen
- klein geschnittene Tomaten
- nach Geschmack auch klein geschnittener Kochschinken
- 100 g Sahne (oder Schmand und Milch)
- etwas Essig
- Salz
- Pfeffer

Alle Zutaten zu einem Salat mischen und abschmecken.

Allroundtalent Kartoffel

Pellkartoffeln eignen sich besonders für die Resteküche. Ihre Wandlungsfähigkeit haben sie schon bei unseren Kartoffelrezepten bewiesen.

Übrig gebliebene Pellkartoffeln eignen sich für:

Kartoffelsalat (Seite 80/81)
Backkartoffeln mit Käse (Seite 83)
Tiroler Bratkartoffeln (Seite 86)
Bauernfrühstück (Seite 87)
Westernkartoffeln (Seite 88)
Kümmelkartoffeln (Seite 88)
Kartoffel-Pilz-Auflauf (Seite 90)
Kartoffel-Zucchini-Pfanne (Seite 91)
Kräuter-Käse-Kartoffeln (Seite 92)

Auch für die Tortilla (Seite 128) sind sie bestens geeignet.

Aus übrig gebliebenen Salzkartoffeln lassen sich – mit einer guten Portion Butter und klein geschnittenen Zwiebeln – noch immer leckere Bratkartoffeln herstellen.

Sogar aus restlichem Kartoffelbrei kann noch etwas werden. Und das ist obendrein besonders lecker. Also: Ausprobieren lohnt sich!

Kartoffelplätzchen

Den Kartoffelbrei (zur Not geht auch der aus der Tüte) mit einem Ei, etwas Salz und einigen Esslöffeln Mehl (je nach Konsistenz und Menge des Breis) zu einem festen Teig verrühren und in heißer Butter handtellergroße Plätzchen ausbacken.
Dazu passt Salat oder Gemüse.

Und was wird aus der Nudel?

Aus gekochten Nudeln wird im Nu eine leckere Nudelpfanne, wenn man sie mit klein geschnittenem Kochschinken und einigen verquirlten Eiern mischt und in einer großen Pfanne unter Rühren rasch anbrät. Vegetarier/innen nehmen Tomaten anstelle des Schinkens.

Nudeln mit Paprika

- gekochte Nudeln (mindestens 200 g)
- je 1 rote, grüne und gelbe Paprikaschote
- Ingwer
- Öl
- 2 EL Käse
- 1 Mozzarella
- 2 Knoblauchzehen
- 1 Zitrone
- 2 TL Honig
- Rosmarin
- Tobasco

Paprika klein schneiden und mit Ingwer andünsten.
Mit Honig, Rosmarin und Tobasco mischen und einige Minuten garen.
Käse mit Zitronensaft, klein geschnittenem Knoblauch und Öl mischen.
Gekochte Nudeln mit Gemüse mischen und kurz aufwärmen.
Käsemischung darüber geben.

Auch für Nudelauflauf taugen Nudelreste – oder wie wäre es mit einem herzhaften Nudel-Lauch-Auflauf (Seite 69)?

Wer es lieber kalt mag, mischt sich einen Nudelsalat (Seite 78).

Pfannkuchen …

… gehören zwar zu den beliebten Familienspeisen, aber kalte Exemplare, die zudem schon einen Tag alt sind, mag keiner mehr so richtig gern essen. Was tun damit? Ab in die Suppe! Und schon wird aus der Gemüsebrühe eine schwäbische Flädlesuppe (Seite 54).

Wohin mit dem Gemüse?

Aus Blumenkohl-, Spargel- oder Brokkoli-Resten entsteht am nächsten Tag die entsprechende Gemüsesuppe (Seite 54). Oder auch mal ein Salat (Seite 49).

Schließlich taugen Gemüsereste (das dürfen auch Kohlrabi, Rosenkohl oder Spinat sein) immer für einen Auflauf:

Kunterbunter Auflauf

Gemüsereste werden abwechselnd mit geschnittenen Pellkartoffeln und Schinken (für Vegetarier/innen: Tomaten) in einer Auflaufform geschichtet. Eine Soße aus 250 ml Milch oder Sahne, 1 – 2 Eiern, geraspeltem Käse, Salz, Pfeffer und Muskat wird über das Ganze gegossen und im Backofen 15 bis 20 Minuten bei 220 Grad überbacken.

Arme Ritter

Weißbrot oder Toast sind nicht mehr ganz frisch, aber auch noch nicht reif für die Tonne? Dann kann aus ihnen nur eins werden: Arme Ritter. Die Standardspeise der Nachkriegsküche schmeckt heute wieder gut – sie ist beinahe etwas Besonderes:

- 500 ml Milch
- 2 Eier
- 1–2 EL Zucker
- 8–12 Scheiben Weißbrot oder Toast
- Semmelbrösel
- Butter
- Zucker und Zimt

Milch, Eier und Zucker verquirlen.
Weißbrotscheiben in die Mischung tauchen,
anschließend in Semmelbrösel wälzen.
In heißer Butter von beiden Seiten hellbraun braten.
Mit Zucker und Zimt bestreuen.

Dazu passt Vanillesoße oder Apfelkompott.

Rezepte von A bis Z

Kinder haben eine Lobby

die Deutsche Liga für das Kind

Partner von *rororo Mit Kindern leben*

Die Deutsche Liga für das Kind ist ein Zusammenschluß der wichtigsten Verbände, die sich für die Belange der Kinder in den ersten Lebensjahren einsetzen.

Die Liga verfaßt Stellungnahmen zu Gesetzentwürfen, organisiert Fachtagungen, initiiert Projekte, ist Herausgeber der Zeitschrift ***frühe Kindheit*** und bietet Eltern und Fachleuten ihre Service-Leistungen an.

Für einen guten Start ins Leben
Die Info-Pakete der Deutschen Liga für das Kind

☐ **Paket 1** (12,- DM incl. Versandkosten)

- Informationen über Mutterschutz und staatliche Leistungen für Eltern
- Entwicklungskalender erstes Lebensjahr
- Faltblatt mit Informationen zum Stillen
- Adressenliste von Einrichtungen „Rund um die Geburt und das 1. Lebensjahr"
- Informationen über die Deutsche Liga für das Kind
- Gesamtverzeichnis der Reihe *Mit Kindern leben*

☐ **Paket 2** (18,- DM incl. Versandkosten)
Inhalt wie Paket 1, zusätzlich:

- 12 Elternbriefe zum 1. Lebensjahr, hrsg. vom Arbeitskreis Neue Erziehung
- Probeexemplar der Zeitschrift *frühe Kindheit*

Sie können Ihre Bestellung telefonisch oder per Fax aufgeben oder diese Seite an folgende Adresse schicken:

DEUTSCHE LIGA FÜR DAS KIND in Familie und Gesellschaft e.V.
Chausseestr. 17, 10115 Berlin
Tel.: 030 - 28 59 99 70 e-mail: Liga-Kind@liga-kind.de
Fax: 030 - 28 59 99 71 Internet: www.liga-kind.de
Commerzbank Berlin, Konto 266 2385, BLZ 100 400 00

Kinder brauchen eine Lobby

In der Deutschen Liga für das Kind arbeiten Fachleute aus den Bereichen Gesundheit, Erziehung, Sozialwissenschaften und Recht zusammen und ermöglichen einen intensiven Kontakt zu Wissenschaft, Praxis und Politik. Dabei stehen folgende Aufgabenbereiche im Mittelpunkt:

Kinder brauchen starke Eltern
Die Elternverantwortung zu stärken, bedeutet nicht nur, öffentlich auf die unverzichtbare Rolle der Eltern hinzuweisen, sondern auch, Eltern selbst Aufklärung und Unterstützung anzubieten.

Kinder brauchen Schutz
Kinder haben ein Recht auf die Förderung ihrer natürlichen Begabungen. Das gilt nicht nur für den rechtlichen Schutz, sondern auch für familienergänzende, wenn nötig familienersetzende Angebote für Kinder.

Kinder brauchen Beteiligung
Schon von Geburt an muß die eigenständige Persönlichkeit des Kindes sowohl im rechtlichen, als auch im psychologischen Sinne Anerkennung finden. Hierzu gehört auch, die Interessen von Kindern und Familien im politischen Raum zu stärken.

Kinder brauchen materielle Gerechtigkeit
Die Entscheidung für ein Kind gehört heute zu den größten Armutsrisiken. Der Beitrag, den die Erziehung von Kindern in der gesellschaftlichen Gesamtrechnung leistet, wird in unserem Steuer- und Rentensystem in einer nicht länger hinzunehmenden Weise unterbewertet. Eine Korrektur dieses Mißstandes ist überfällig.

Kinder brauchen bessere Lebensbedingungen
Beim Wohnungsbau, der Stadt- und Regionalplanung und in allen anderen Feldern, die zur Lebensqualität von Familien beitragen, müsen Bedingungen geschaffen werden, die ein Leben mit Kindern erstrebenswert machen. Dies gilt auch für die Arbeitsplatz- und Arbeitszeitgestaltung der Eltern.

mit kindern leben

Ratgeber für den Umgang mit Kindern im Alltag – Entwicklung, Gesundheit, alternative Heilmethoden.

Nora Bergen
«Das juckt so!» *So helfen Sie Ihrem Kind bei Allergien*
(rororo sachbuch 60285)

Gisela Brehmer
Aus der Praxis einer Kinderärztin *Entwicklung · Ernährung · Erste Hilfe · Alternative Heilmethoden Vollständig überarbeitete Neuausgabe*
(rororo sachbuch 60468)

Ingo Busche
Neurodermitis: Chaos im Immunsystem *Ursachen, Vorbeugung, Therapie*
(rororo sachbuch 60422)

Beate Daas
Was mein Kind essen soll
Gesunde Ernährung lecker und einfach
(rororo sachbuch 60536)

Sabine Friedrich / Volker Friebel
Entspannung für Kinder
Übungen zur Konzentration und gegen Ängste
(rororo sachbuch 18563)
Ruhigere Zeiten für Eltern und Kinder *Geschichten und Übungen zum Entspannen und Einschlafen*
(rororo sachbuch 60515)

Christine Grotensohn
Unser Kind im Krankenhaus *Ein Ratgeber für Eltern und alle, die mit kranken Kindern zu tun haben*
(rororo sachbuch 60328)

rororo sachbuch

Inge Kelm-Kahl
Mein Kind hat Asthma
Diagnose, Behandlung, Hilfen für den Alltag
(rororo sachbuch 60471)

Petra Lange
Hausmittel für Kinder *Naturgemäß vorbeugen und heilen*
(rororo sachbuch 18384)

Hans-Dieter Kempf / Jürgen Fischer
Rückenschule für Kinder
Haltungsschwächen korrigieren, Haltungsschäden vorbeugen
(rororo sachbuch 19338)

Walter Köster
Kranke Kinder homöopathisch heilen *Erfahrungen und Rezepte eines praktischen Arztes*
(rororo sachbuch 60151)

Weitere Informationen in der **Rowohlt Revue**, kostenlos im Buchhandel, und im **Internet: www.rororo.de**

Jan-Uwe Rogge

Jan-Uwe Rogge, geboren 1947, ist verheiratet, hat einen Sohn und lebt in der Nähe von Hamburg. Er arbeitet freiberuflich als Familien- und Kommunikationsberater und zur Medienforschung. Seit Anfang der achtziger Jahre führt er Elternseminare und Fortbildungsveranstaltungen durch, die sich großer Beliebtheit erfreuen.

Ohne Chaos geht es nicht *13 Überlebenstips für Familien*
208 Seiten. Gebunden

Jan-Uwe Rogge
Pubertät – Loslassen und Haltgeben
208 Seiten. Gebunden und als rororo sachbuch 60953
Die Pubertät ist mühsam für alle Familienmitglieder, die Nerven liegen bloß. Die geduldigsten Eltern sind verunsichert und mit ihrem pädagogischen Latein am Ende. Der Nervenkrieg muß nicht sein. Bestsellerautor Jan-Uwe Rogge zeigt, wie Eltern produktiv mit der Pubertät ihres Kindes umgehen können.

Kinder haben Ängste *Von starken Gefühlen und schwachen Momenten*
288 Seiten. Gebunden und als rororo sachbuch unter dem Titel
Ängste machen Kinder stark
(mit kindern leben 60640)

Kinder können fernsehen *Vom sinnvollen Umgang mit dem Medium*
(mit kindern leben 60753)

rororo sachbuch

Kinder brauchen Grenzen
(mit kindern leben 19366)

Eltern setzen Grenzen
(mit kindern leben 19756)

Kinder brauchen Grenzen. Eltern setzen Grenzen
(mit kindern leben 60697)

Jan-Uwe Rogge / Regine Rogge
Zuhören macht Spaß *Die besten Kassetten und CDs, Hörclubs für Kids, Tips zum Selbermachen*
(mit kindern leben 60830)

Jan-Uwe Rogge / Moni Port
Ein Wolkenlied für Omama
(rororo rotfuchs 20955)

Sonst beiß ich dich!
(rororo rotfuchs 20968)

Weitere Informationen in der **Rowohlt Revue**, kostenlos im Buchhandel, und im **Internet: www.rowohlt.de**